《People系列》

吃點子的人

劉興欽傳

劉興欽◎口述
張夢瑞◎採訪撰述

在這貧窮的年代，很少有機會照相，這是我最早的相片，當時只有十幾歲，相片已發黃，甚至還有斑點，卻彌足珍貴。

在永樂國小的辦公室角落，一張破桌，一盞燈，展開我的漫畫生涯。

我潛水射魚的技術一流，有圖為證，右邊是我的小兒子。

1959年，我有了第一輛機車，曾瘋狂地從台北騎到大山背，向家人獻寶。

1960年我結婚了，太太黃淑惠是
我花了很大的功夫追求來的。

黃淑惠是北女師的高材生，我們
有緣同時分發到永樂國小任教。

我們去明尼蘇達州二女兒家度假。

我們夫妻與外孫女亨娜。(這位外孫女入選美國2004年加州甜心小姐)

1974年獲中山技術發明獎。左起我的夫人淑惠、兒子海岳、三女兒威琪、二女兒香彬。

1974年獲中華民國第一屆產品設計獎。頒獎人為當時的經濟部長孫運璿先生。

1975年獲第一屆十大傑出發明獎。

「大嬸婆」就是我的媽媽嚴六妹，大家只聞其名，不見其人，
這是1990年我們夫妻跟媽媽的合照。

内灣滿街掛著以大嬸婆作招牌的商店，包括有野薑花粽、私房菜、發粄、美食館、香腸、擂茶、粄條、點心等，在火車站後方還有大嬸婆的家，以及劉興欽發明、漫畫展覽館。

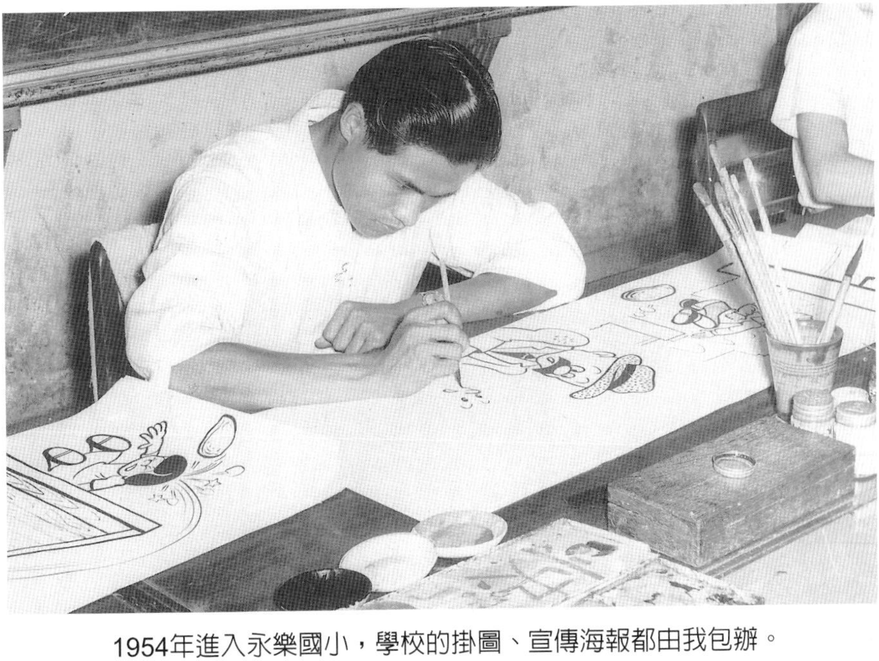

1954年進入永樂國小，學校的掛圖、宣傳海報都由我包辦。

1972年獲第十三屆文藝獎。

1996年在美國拍下這張全家福，猜猜看，裡面有幾個美國人？

這是我當年主持「中視兒童節目」時，跟猩猩的合照，比一比誰較醜。

內灣形象商圈借用我的漫畫人物導覽，結果吸引大批民衆前往。

在中視與張淑娟主持兒童益智節目。

接受美麗主持人白嘉莉訪問。

難得有機會與這麼多學生相聚一起，幸虧他們沒有忘記我。

「這個大嬸婆的造型好傳神，我來替她挖挖耳朵，讓她舒服一下。」（張夢瑞攝）

一堆我的教育用品發明。

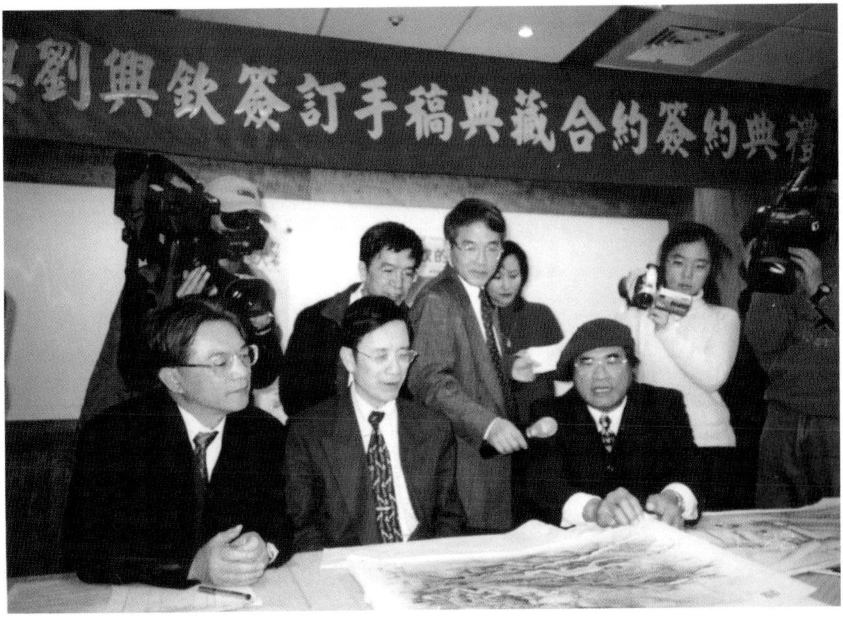

國立交通大學典藏我的漫畫手稿及發明資料典禮。中間為校長張俊彥，左邊為監交人政務委員蔡清彥。

我的青春歲月大部分都奉獻給漫畫。

新竹縣縣長鄭永金訪問美國聖縣時，我代表新竹縣民贈送我的漫畫領帶給馬修議長。

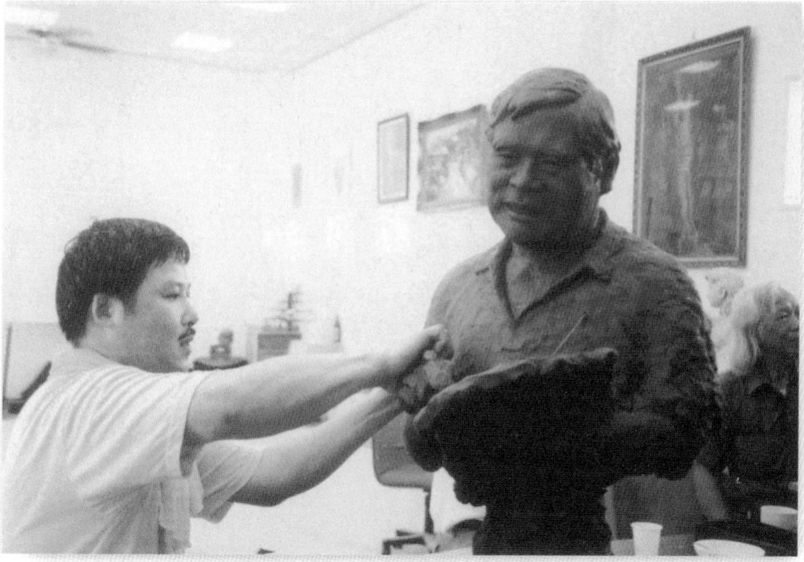

雕塑家王淇郎為我製作的塑像。

2001年5月5日，內灣火車站前大嬸婆塑像揭幕。

我覺得我的罪孽很深，一定得用很多的水才能洗淨，
於是特地到太平洋中的關島受洗。

我應該擁有這些嗎？

民國三十二年（一九四三），我十一歲，讀國小三年級，當時還是日治時代，太平洋戰爭爆發，所有的台灣青年都必須接受訓練，以備隨時上戰場。農林專科學校畢業的哥哥，因爲多讀了幾年書，被徵調去當老師，一早就要到竹東報到。我家離竹東走路需六小時，因此，半夜就要動身。爸爸非常寶貝哥哥，擔心他走夜路不安全，特別叫我陪他前往。

我一手拿著照明設備，一手牽著睡眼惺忪的哥哥，沿途不斷提醒他前面有坑洞、左邊有小水塘，要他注意。

路過一座搖晃的獨木橋時，哥哥膽小不敢過，還說看到橋下的流水頭就暈，害怕會跌到水裡，他又不會游泳，踟躕半天，仍留在原地。我叫哥哥閉著眼睛，然後背著他過橋。哥哥比我大六歲，個頭又比我高，我不知哪來的力量，竟然一股勁就把他背起來。整座橋頓時搖晃起來，哥哥嚇得大叫，我彎著腰、沉住氣，一步一步走過去。

由於我家前後夭折了三個男孩，哥哥這個長孫，遂得到全家人的關愛，深怕他有個不測，粗重的工作避免讓他做，大都由我承擔，時間久了，養成哥哥吃不了苦的個性，他不像我，活動力強，游泳、抓蛇、採蜂蜜、捉螃蟹樣樣都來，遇到困難，從不退縮，總是想辦法解決。爺爺知道我靈巧，應變能力強，到哪裡走親戚、逛廟會，都喜歡帶我一起前往。

有一次，我陪爺爺到五峰鄉姑媽家。途中，爺爺內急，找不到方便的地方，於是就在路旁一個搭建的草棚內解決。不巧，被日本人撞見，對方很生氣，大聲指責爺爺，「隨處小便，不懂衛生！」

爺爺不敢解釋，不斷的鞠躬致歉。我看了心生不忍，於是幫爺爺說：「他很老了，忍不住才尿出來，他又不是故意的，實在是沒有辦法！」一臉怒容的日本人，聽到我這麼說，才不發一言的走了。

還有一次，媽媽買了一對鵝，帶回家後發現鵝拉的屎是白的，經驗告訴我們，鵝生病了。媽媽不敢跟老板理論，擔心對方不退錢，於是叫我拿回去退。我在路上想，如果我說鵝病了要退錢，賣鵝人一定不願意，說不定還把鵝生病怪到我們頭上。後來我想了個辦法，我告訴老板：「我媽媽不知道我爸爸也買了一對，所以要我拿來退掉。」那個老板聽我這麼說，把鵝接過去看了看，就把錢退還給了我。

我從小就有膽識，遇到事情會仔細推敲，碰到壞人使詐，也會暗中觀察，不讓壞人得逞。

那時候，我們跟叔叔住在四合院裡，叔叔家要做一個大衣櫥，於是從外地請來一個木工，師傅就在叔叔房裡工作，工作時間長達一個星期，吃住都在叔叔家。白天大人要到田裡工作，爺爺特別派我當師傅的助手，其實也有負責監督之意，到底木匠是外人，防人之心不可無。木匠工作快結束時，嬸嬸突然發現她收藏的一隻金手鐲不翼而飛，那是嬸嬸的陪嫁品，她很珍惜，從不戴出來亮相，不知道爲什麼突然不見了？家裡的每個人都有嫌疑，但是嫌疑最大的就是我跟木匠，因爲我們天天待在叔叔房間。

木匠知道他的嫌疑最大，爲了證明他的清白，他主動要求：燒滾一鍋油，由他唸咒語，嬸嬸和他的手同時伸進油鍋，如果嬸嬸謊報，手就會被滾油燙爛，如果眞的丟了金鐲，就會平安無事。同樣的，木匠的情形也是如此，如果是木匠偷的，他的手一定會被油燙爛，如果不是，就不會有任何傷害！

鄉下人迷信又無知，嬸嬸聽了，嚇得不敢再提丟鐲子的事，這件事就這麼雷聲大、雨點小的結束了，木匠繼續他的工作。幾天相處下來，我已和木匠混熟了，忍不住向他探詢：「萬一你的咒不靈，燙爛了手怎麼辦？」當時我才十歲，讀小學四年級，就敢拿這個問題試探他。木匠不以爲意地說：「免驚！誰敢拿自己的手來試！這個方法我用多了，從沒有失誤過。」

我一聽，心生警戒，難道這個木匠就是賊，嬸嬸的金鐲子……，我且不動聲色，繼續跟他有說有笑，看他葫蘆裡賣的什麼藥？

完工後，木匠挑著擔子準備離開，爲了表示自己沒有帶走任何東西，他主動要求搜身，確定身上確實無他物，才挑起他的酬勞——兩大擔米下山去了，邊走邊吹著口哨。

我偷偷的跟蹤在木匠身後，遠遠地看他在山路轉了幾個彎，然後四處查看一番，確定無人，便停在路旁一棵大樹下挖掘。我確定木匠一定把手鐲藏在那裡，於是飛奔回去告訴大人。大堆人馬立刻趕了過來，木匠還沒有走遠，叔叔從他身上果然發現嬸嬸遺失的金鐲子。

類似這種隨機應變的例子，在我成長過程中不知有多少。老師知道我的鬼點子特多，碰到困難，總是找我想辦法，每次都能圓滿達成。日治時代，老百姓生活困苦，爸爸除了忙種稻、種茶葉，還承租礦坑挖煤。礦坑裡沒有軌道，更沒有台車可以運送，必須在坑洞地面鋪上枕木，人就在枕木上爬進爬出，辛苦倍至。

爸爸從不讓我入礦坑，那裡面的空氣相當混濁，危險性又高，說不準什麼時候發生意外。其實爸爸心裡早有打算，他雖然不知道我有畫圖天份，可以朝這方面發展，但是他知道，多讀書、多識字，要比入礦坑挖煤好。

平時爸爸也灌輸我一些做人處事的道理，像：「人沒有錢不要緊，不能沒有道德；做人要憑良心，不能起壞心。」爸爸的話，對我影響深遠，日後，我所畫的漫畫，都以善盡「社會責任」爲職責，遠離色情、暴力，大人、小孩可以一起閱讀。

我自幼並無大志，不像許多小孩要當醫生、工程師、音樂家。小學時，我唯一的希望是考上初中，不是愛讀書，而是有鞋子穿。中學生要穿鞋子，不可以打赤腳。讀了初中，我的希望是考上師範學校，爸爸供不起我，讀師範有免費的飯吃，還有地方住。進入師範就讀，我開始努力讀書，希望能分配到台北任教。我就是這樣一步步來，所以每天都過得很快樂。

師範畢業，我以第一名的成績分發到台北永樂國小任教，從那天起，我每天畫一張水彩畫，拿到和平東路開書店的朋友處寄賣。我時時抱著一個期望，希望能夠賣出一張畫，這樣就能吃一頓好的。當時爸爸臥病在床，需要龐大的醫藥費治病，我的薪水全部拿回家，沒有多餘的錢，需要找個兼差的工作。

我每天晚上踩著腳踏車，帶著滿心的期待，從延平北路騎到和平東路，幾個星期下來，沒有賣出去一張，我毫不氣餒，照畫不誤。

畫作賣不出去，我又陸續找到畫電影看板及雜誌插圖的工作，因爲是新手，沒有酬勞可拿。去應徵家教，家長嫌我不是國語實小的老師，國語也不標準，寫的字又不漂亮，一連應徵了好幾家都碰壁。之後，我開始畫漫畫，畫了好多本，不斷被退稿，但我不停手，這本不行，再畫一本，一本比一本畫得好。最後「學友雜誌」看中我的漫畫，拿來當贈品送給讀者，我才有了一點稿費。

儘管環境多麼不順利，我從來沒有沮喪過，內心不斷湧起：只要我努力，最後一定會出人頭地。我就靠著這份堅定的信心，及不斷向上的心，逐漸在漫畫界打出一點名聲。

我常覺得，「人生」不必去評價，能夠眞誠面對就夠了。坦白面對自己，認眞看清楚自己，比什麼都重要。

今天，當我回過頭來，重溫這段往事，內心眞有說不出的感激。基本上，我不認爲自己有多偉大，我只是做眞正的我。以前，我沒有自己的棉被，沒有臉盆，讀初中才看見牙刷，一年吃不到幾口豬肉。現在我有自己的棉被、臉盆、牙刷，以前沒有的，現在一樣也不缺。至於豬肉，想吃多少就吃多少。如今，爲了健康，盡量少吃。

以前，我沒有任何交通工具，我的第一輛腳踏車，是向「永樂」同事的兒子買的，這輛車子破舊不堪，性能不是很好，但是，我把它當寶貝，還從台北騎到竹東老家向親朋好友去現寶。過了不久，我又買摩托車、買汽車、買房子，買土地，一天比一天過得好。很多人都說我這一輩子有三多：漫畫多、發明多、得獎多。其實我覺得，應該還有一多，這一多更重要，就是玩多。我是因爲愛玩，才有許多作品，如果我不愛玩，也許就不會有今天的劉興欽囉！誰說玩不能激發創作的靈感呢！

坦白說，我眞的好感激老天，對我這麼好、這麼照顧，讓我娶到好太太，有乖順的子女，又有名氣，走到哪裡，都有人告訴我：「劉老師，我從小就看你的漫畫。」對我而言，人生的確像倒吃甘蔗，越來越甜，有多少人能在老年榮歸故里，看到自己四十年前的作品重新復活，豎立在大街小巷？感謝鄉親給我莫大的安慰。

有時我不免懷疑，憑我這個人，我應該擁有這些嗎？世界上有誰比我更幸福？

完成這本書時，我突然想起當年爸爸對我說的話：「做人要憑良心，不要起壞心，寧可沒有錢，也不能沒有道德。」我很高興，從小到大，我都沒有辜負爸爸的期望。

目次

喝木瓜「人」奶的日子

每次我告訴別人我是新竹縣大山背人，對方都會露出迷惑的神情，進一步追問：「大山背在哪裡？我怎麼沒有聽過這個地名！」

那是一個位在半山腰，地形陡峭，沿途一片荒煙漫草，又小又窮的村子。住在那裡的百姓，以務農爲主，生活十分窮困。

日治時代，物質缺乏，雖然家家有種田，但是收成都要繳給日本人，送去支援前線作戰，只能趁稻米尚未徵收前，動個手腳先偷藏一些，背著偷吃。誰家要是發現有米吃，日本警察就會捉去盤問半天，還會挨一頓打。所以種田的農民，三餐都離不開番薯，很少吃到白米飯。牛、豬、羊、雞全部都要登記，日本人不許老百姓私養家畜，甚至連根大蘿蔔他們都要。

在當地有句客家諺語說：「有女兒不嫁大山背，上坡石頭堵嘴、下坡石頭擲背，吃番薯配樹葉。」理由無它，就是大山背的男人太窮、環境太差太苦。我就生長在這個窮鄉僻壞，一點也不熱鬧的地方。父親識字有限，母親不識字，再加上子女又多，所以常把孩子留在家裡幫忙，能不上學就不上學，沒有人告訴我如何上進，也沒有人發現我有畫畫的天分，想辦法栽培我。

我是民國二十三年（一九三四）四月十三日生，小名叫阿欽。出生不到一個鐘頭就送給四叔當養子，當時我家已有一個男孩，四個女孩（日後又添了四個妹妹，劉興欽共有四個姐姐，四個妹妹），四叔家沒有孩子，四叔央求父親半天，父親才答應。鄉下人窮得要命，爲了感謝父親割愛，四叔送了兩罐奶粉給母親當補品。那可是四叔家節吃儉用多時，硬從牙縫裡擠出來的。

我從小就長得不出眾，又黑又愛哭，哭聲震天，食量又大，一餓就哭得喧天價響，經常發生沖泡的米糊還等不及冷卻，就急急忙忙往我嘴裡塞，燙得嘴角四周起了不少水泡，邊哭邊吃。也許是我太吵，再加上沒完沒了地猛吃，四叔供養不起，隔了一段時間，又把我送還給媽媽，至於媽媽有沒有還他那兩罐奶粉就不得而知了。所以，小時候我稱我爸爲伯父，叫我媽爲伯母。

童年印象較深刻的就是與原住民交往的經過；原住民住在離大山背更遠的深山

裡，名叫「上坪」的地方，每次他們要到竹東辦事，都會路過我家附近的山路，彼此很少交談，主要是言語不通。那時候客家人與原住民並不和睦，不時發生械鬥，爲了爭奪地盤，經常發生爭執；白刀子進，紅刀子出是常有的事。原住民把械鬥稱爲「出草」（聯合族人出外與平地人火併），事先他們會有一些準備工作：先把辛辣的薑丟進鍋裡煮爛，然後摻和著米酒一起喝下，男女都喝，直飲到兩眼通紅，然後不斷狂叫。接著向山下衝去，一場你爭我奪的戰爭開始上演，場面十分火爆！

原住民隨身攜帶的刀子又長又亮，讓人一見心裡就產生畏懼。再加上他們臉上駭人的刺青，更是讓人不敢接近，小孩子尤其怕他們，一見到原住民就驚嚇得大哭。原住民男女都抽煙，煙味又嗆又臭，大老遠就能聞到。

聽我祖母說，有一年，原住民下山來尋仇，把一戶有九口人的家庭全部幹掉，最後還把頭剁下來。這件事嚇壞了附近的住家，於是日本人組成「隘勇隊」，與來挑釁的原住民展開一場硬碰硬的對抗。

後來這個地方的地名叫「九斬頭」，因爲後人感到不好聽，所以改成現在的「九讚頭」，也就是現在替劉興欽在內灣經營劉興欽漫畫、發明展覽館的「新竹縣九讚頭文化協會」的所在地。

我的祖母是個體型壯碩，力氣又大，什麼粗活都能承擔的客家婦女。有一次，她挑了一擔自製的樟腦油，從井上走一天一夜的路到大溪去賣。途中遇到兩個拿著番刀的原住民，從後面的小路追趕上來，想要擠到前面幹掉她，然後搶奪樟腦油。我祖母捨不得扔下樟腦油逃命，又不能回轉身子抵抗，只好不斷地把樟腦油桶甩來甩去，發出「呼！呼」的聲音，阻檔二人超前。

到了一個平坦的地方，祖母放下樟腦油，拿起扁擔，一個回身，猛力朝著原住民的頭顱揮棒，邊打邊吆喝，咚！咚！幾下，居然把對方打得四腳朝天。她也不害怕，拾起扁擔，若無其事地繼續趕路，把貨安全送到大溪上了船，回到家裡才告訴我祖父，今天幹掉兩個原住民！這種爭執持續好幾年。等我進了小學，雙方的私鬥才和緩下來，但還是有零星的械鬥事件發生。從小我的爸媽就警告我，看見原住民就遠遠躲開，千萬不要招惹他們。後來，我發現原住民也沒有那麼可怕，主要是彼此言語不通，誤會由此而生。

我家世代務農，除了種田，祖父還種了滿山的茶葉。山上的茶園不少，碰上茶葉採收的季節，茶農都要雇請採茶姑娘幫忙採茶。雇工不容易找，常常要跑到隔壁鄰村找幫手。但是，我的祖父卻有一套本事，他以同樣的工資留住採茶姑娘，毫無怨言地在我家採茶。在那個物質貧乏的年代，祖父竟捨得花錢買一台留聲機，一天到晚播放著山歌，採茶姑娘一邊聽歌，一邊工作，心情十分愉悅，自然就捨不得到別家茶園工作。

一九六〇年，著名的作曲家周藍萍，以客家採茶姑娘爲背景所改編的「茶山情歌」，與我兒時常聽的山歌一模一樣，我至今還會哼唱。來我家採茶的婦女，大多數是年輕的女性，其中剛生完產的佔了不少。採茶的太太們，爲了要去工作，把正在吃奶的奶娃兒留在我家，祖母扮起義務保母的工作；她把這些娃兒們集中在一起照顧，然後煮了一鍋米漿，奶娃餓了，一人一口，餵他們吃米漿，沒有一個吵鬧。

有一件事不斷困擾著採茶太太們；孩子不在身邊吃奶，奶水脹滿後，乳房會十分疼痛，嚴重時還會結成硬塊，阻塞乳腺，造成乳腺炎。如果跑回去餵奶，一來一往，會影響工作進度，所以太太們只好忍著疼痛，繼續工作，讓人看了心生不忍。

也不知道是誰提議的：「叫阿欽過來幫忙吸一下。」茶園裡像我這種年紀的兒童到處可見，小孩輪流被叫去「吸乳」，但是沒有一個人的「吸乳」功夫像我這麼好，太太們都喜歡找我幫忙，我成了他們的救星。只要誰脹奶，我這個「活動吸乳器」就立刻飛奔到那裡，然後找個隱密的地方，三下兩下就把茶嬸的奶水吸得清潔溜溜，全村人對我這套吸乳功力，嘖嘖稱讚。

我經常是這裡吃吃，那裡吸吸，肚子每天都吃得鼓鼓地。在沒有零食的年代，乾淨又營養的母乳，成了我日常生活的最佳飲料。也許是喝母奶的關係，我的身體一直十分強壯，再加上成天不穿衣服，身子晒得黑又亮。

印象中，我幼年很少生病，連感冒也躲得我遠遠的。直到現在情況依然如此，全身充滿活力，不知老之將至。我想，一定是小時候，吃了各家媽媽的奶水，集營養之大成，身體才會如此強壯結實，百毒不侵，百害遠離。要是當年選猛男，我鐵定會脫穎而出，可惜那個年代流行白面書生，愈是文弱，愈受青睞，眞是生不逢時！

「吸乳」功夫一直持續到我上了小學，仍然欲罷不能。甚至隔村採茶的太太，聽說我有這項超人的「技術」，還專程派人請我過去幫忙，我總是來者不拒。有時候放學回家途中，突然有個不認識的婦人，從茶園跑出來，匆匆忙忙把我帶到一個隱密的地方，解決她的脹奶之痛。我不懂「助人爲快樂之本」爲何物，有東西可吃，總比沒有東西吃好，因此，從不拒絕。

也因爲來者不拒，要求服務的人愈來愈多，範圍也愈來愈廣。經常一路吃著奶水回家，肚子都快撐破了，晚飯也吃不下。

除了母奶，我還享受別人不愛吃的好水果——又紅又大的木瓜。大山背的人，從不吃熟的木瓜，家家戶戶都是趁木瓜青綠，還沒有轉黃就摘下來炒著吃，沒有人知道熟木瓜滋味更香甜，只有我知道，所以村裡熟的木瓜全部都進了我的肚子。

在那個窮困、吃不飽的年代，我已經開始品嚐，天然甘醇的「木瓜人奶」，時間比日後流行的「木瓜牛奶」，整整早了三十多年，眞是太幸福了。

另外，我還擅長打野食，只要在野外走一圈，就能找到一大堆能夠吃的野食，像芒草筍（芒草會長出如筊白筍的苞子，裡面會有細小的幼蟲，連著苞子一起吃下去，味道彷彿奶油，美極了），還有野花野草，野漿野果，不但味美甘甜，營養又高，這些都是我們鄉下小孩永遠吃不膩的零食。

我自幼就會循著蜜蜂的路徑找蜜吃，這是有方法的：當你發現蜜蜂的腿變粗，腿上沾滿了金黃色的花粉時，就表示蜜蜂採完蜜要回巢了，只要跟蹤它，待會就有甘醇的蜂蜜享用。

蜜蜂也很聰明，它怕被跟蹤，到了蜂巢前，就開始亂飛，擺脫跟蹤者。不用緊張，留在原地靜觀其變，接著第二隻、第三隻……數不清的蜜蜂飛過來，這時就能確定，附近一定有蜂巢。伸長鼻子四處聞聞，蜂蜜的味道濃郁香甜，很快就能找到香味處。

蜜蜂通常把蜂巢築在石頭縫裡，吃蜜不能心急，先把洞穴挖大一點，動作儘量輕，手伸進蜂巢前，要把手清洗乾淨，不能有汗味，蜜蜂聞到會螫人。摸到毛茸茸的東西，不要動它，那是蜜蜂。摸到黏黏濕濕的，就是蜂蜜，摘一點慢慢拿出來品嘗，那眞是人間美味。只要不弄傷蜜蜂，天天去吃都沒有問題。

有時候，不小心亂摸，觸怒了蜜蜂，一陣亂螫是免不了的。手伸出來時，才發現整隻手被蜜蜂螫的沾滿了針毛，像魚鉤一樣倒掛在手掌上，拔不出來，不消一刻鐘，手掌立刻腫得跟麵包一樣，痛徹心肺！哭也沒有用，只好回家請媽媽用針一根根地挑出。即使如此，我還是經常向蜂巢報到，蜂蜜的滋味太誘人啦！

在所有的零食中，以虎頭蜂的幼蟲滋味最香醇，它也是最珍貴的零食。虎頭蜂的警覺力甚強，稍微靠近，它就螫人，要享受美味，最好等晚上。白天先找到虎頭蜂窩，晚上點一盞「電石燈」掛在洞口；「電石燈」是用一種叫「電石」的礦石，浸泡之後會冒出氣體，將氣體點燃，會發出類似瓦斯的火光。虎頭蜂一見到光，立刻成群結隊的飛出來，用它們的翅膀撲火，一碰到火翅膀就燒掉。第二天早上，滿地都是虎頭蜂，這時候就輪到我享受整巢的幼蟲了。

在所有的昆蟲中，我吃得最多的就是筍龜子；筍龜子大小如姆指，肚子是黑色，身體是紅色，嘴巴又長又尖，跟象的鼻子有點相似，六、七月竹筍盛產時，也是筍龜子最多的時候，它特別喜愛箭竹筍，只要把尖嘴插進竹筍，三下兩下就把筍汁吸得一乾二淨，再回過頭來生個卵在裡面，成蟲一個月後就死了。

除了吃筍龜子，我還喜歡抓它來玩，筍龜子十分機靈，只要有人靠近，立刻飛走，只能輕手輕腳走到竹筍旁邊，趁其不意，猛搖竹筍，筍龜子措手不及，掉落地面，它會裝死。隨便找一下，就能發現一、二十隻。小孩子喜歡把筍龜子拴在一條線上，再把它的腳綁起來，看它四處飛竄，要不然就做個十字架，一邊放一隻，筍龜子的力氣不小，在它四處飛動時，翅膀能產生一些風，我們就拿它做風扇。

另外，我還是天生捉魚捕獸的高手，到水邊一定能捉到青蛙、魚蝦、螃蟹，上山就能抓到竹雞、狐狸、蛇、果子狸、松鼠等動物，至於捉蚱蜢、灌蟋蟀、抓四腳蛇，更是我的拿手好戲。我家餵養的鴨子都是吃我捕捉的獵物，每隻都又肥又大。

童年的我是個相當頑皮的孩子，不時虐待小動物。有一次，我將一壺滾燙的熱水，對準了地縫澆下去，地下藏了許多青蛙，被熱水一燙，雙腳一蹬，一個個死翹翹了。我還不過癮，回家又裝了一壺熱水，正當我對準縫隙準備灌水時，脖子上掛「平安錢」的紅絲線突然斷了，纏在線上的那枚銅錢也掉了下來，不偏不倚，正好落在地縫裡。

這條紅絲線和銅錢，是我母親向觀世音菩薩求來的，保佑我平安無事，無災無病，順利長大成人，已經掛了好幾年，今天卻突然斷了，而且是在這種情況下斷的，讓我心生畏懼，第一個閃進腦海的就是：「觀世音在怪罪我，老天爺也在警告我，不許再凌虐小動物！」想到這裡，我突然害怕起來，不敢再往縫隙裡倒滾水。從此，我不再捕殺青蛙，連其他的小動物我也不敢再捉弄。

我的大姊大我七歲，二姊滿月就送人。三姊也送人，家裡不能有吃閒飯的人，所以大姊上小學就背著我一起去，輪到我進學校時又背著妹妹，手裡還要牽著一頭牛。這種情形在大山國小十分普遍，鄉下人不懂知識的重要，也不知道孩子不上進，會影響他一輩子，大人都希望孩子在家幫忙幹活，能不去學校就不去學校。

大山國小的學生，來自附近幾個村子，總共有近一百位學生。我從小就不愛讀書，也很少去學校，班上的同學跟我一樣，教室裡很少有全班到齊的時候。校長常常做家庭訪問，拜託家長讓孩子到學校上課。「小孩子上學，家裡的事誰來做？如果校長來幫忙，我就讓孩子去學校。」每一個家長都是這樣回答校長。

為了協助我們這群無人指導的小孩進學校，校長主動幫學生看牛，校長太太則義務替我們照顧弟妹，好讓我們能夠安心上課。即使如此，學生還是經常不到學校。主要是年輕人都被日本人拉去做軍伕，像我爸爸這種年紀的人，通常都被叫去做長工，連我媽媽都還得服勞役，整個村子只剩下婦女及小孩子。

小孩除了在家幫忙，到了學校還有忙不完的勞役；三天兩頭就要上山採蓖麻子、大梵天花、馬草等野生植物交給老師，再由老師統一往上繳，拿去榨油、織布，供應前線的日本軍人，所以農忙或必須採這些野生植物時，每個小孩都跟大人一樣忙得團團轉。

常年在外採集野生植物，讓我學會辨識一些可治病的藥草，像受傷、紅腫、流血時，我會找一些青草，搗碎了敷在傷口上，沒幾天傷口就痊癒。有人發燒不舒服，我也會趁著上學途中，採一些雷公草回家給媽媽，搗汁給生病的人喝。

不僅如此，我還絞盡腦汁想到一個賺錢的妙計，就是採些草藥，曬乾後委託校長拿到鎮上去賣。校長把賣得的錢，換了鉛筆、橡皮擦、蠟筆、色紙、墊板等文具。

從一年級讀到五年級，因爲很少上學，我連日文字母都搞不清楚，日本話也說不上兩句，日本書更是一竅不通。那時候沒有考試，也沒有留級，我就這麼糊里糊塗的讀到五年級，直到六年級，台灣光復那年，才開始學中國字，認識中國文化。

事實上，上學不是一件愉快的事，天氣熱還好，到了冬天就慘啦！大冷天我還穿著短褲，打著赤腳，渾身凍得直發抖，即使縮著身子也擋不住刺骨的寒風。在路上碰到好幾個同學，每個人的手腳都凍得又紅又腫，牙齒直打顫。

不曉得誰最先發現小路旁的山泉水是暖的，於是大夥連忙把腳伸進泉水裡，接著又把手伸進去，眞是舒服，全身頓時溫暖多了。但泡腳耽誤太多時間，等走到學校，已經遲到了，老師也不問理由，拿起竹掃帚上的細竹條，就往我們的腿上抽，細竹條打在腿上又痛又麻，每個人都痛得跳起來，不斷求饒。

有一次，我們又在泡山泉水，大我五歲的堂哥說：「等下到學校又會遲到，免不掉又要被打，我看今天不要去算了，找個地方去玩，等下課再回家。」

堂兄的主意不錯，我跟另外三位何姓兄弟都表示贊成，於是五個人結伴逃學。天冷加上下雨，能夠躲到哪裡呢？最後我們發現一個山洞，既可避風雨，又不會被人發現，眞是人間天堂。從那天開始，五個人從家裡出來，就直接躲進山洞，不再去學校。吃完隨身帶來的便當，就在洞裡戲耍起來，只要不去學校，玩什麼都好。

山洞裡到處是黃泥巴，我隨手抓起一把黃泥，憑著記憶，捏出一尊在廟裡看到的神像，放在洞裡。堂兄還帶著我們幾個小蘿蔔頭，煞有其事地跪地拜了幾拜。這是我們的天堂，眞希望能夠長住在此。

逃學的日子持續近一個月，我們嫌山洞裡沒有地方可坐，想休息一下也不行。何家兄弟提議，可以從家中帶一點稻草鋪在地上，不但可以坐，還可以躺下來。

第二天，三兄弟果然帶來一捆稻草，正當我們把稻草鋪好，準備坐下去時，何爸爸突然出現在洞口，把我們嚇了一大跳。原來何家兄弟從家裡拿稻草來時，不小心掉了一些出來，被何爸爸發現，偷偷跟蹤到這裡來，我們逃學的事就這樣曝光了。

回家後我被媽媽用藤條狠狠揍了一頓，並禁止我再走原來的山路上學。幾個月過去了，有一天，媽媽告訴我，附近有一個山洞，不知道供奉什麼菩薩，靈驗得很，她囑咐我，帶一些東西，到山洞拜一拜，求神明保佑。

日治時代，日本人禁止台灣人拜拜，老百姓明著服從，背地裡卻四處求神問卜。只要聽說哪座廟靈驗，大家爭相恐後的跑去拜拜。

等我到了山洞，才知道媽媽所說的山洞，就是幾個月前，我跟堂兄及何家兄弟逃學時的避風港。眞不敢相信，幾個月不見，山洞竟被收拾得乾乾淨淨，而且挖大了許多；洞口外還擺了一桶開水，免費供人飲用。

更叫人驚訝的是，我捏的那尊不知名的神像，被高高地供奉起來，不但有供品，旁邊還擺了香爐。好幾個人正跪在地上，口中唸唸有辭，向泥土塑像祈求心中的願望。

「這到底是怎麼回事?難道是……」我不敢把其中的原委說出來，擔心被罵，只好跟著大家向那尊塑像拜了幾拜。山洞的石壁縫裡不斷滲出水來，附近的老百姓認爲，這是「聖水」，能夠治百病。消息傳開來，許多人帶著容器來裝「聖水」，有人甚至挑著扁擔來裝水，表示要分贈給親朋好友，眞是盛情感人，最後連外縣市的民眾也風聞而來，把山洞擠得沸沸揚揚，熱鬧非凡。

可惜這塊山地後來被商人買去，改建成一座廟宇，範圍愈擴愈大，四周環境也迭遭破壞，完全找不到當年的模樣。每次返鄉路經此地，都讓我不忍足睹，心中也很無奈!

坦白說，我此生沒有什麼遺憾!

唯一的憾事就是，沒有把「天堂」買下來，保持它原有的風貌，只好任由它從我的記憶中消失。

懷念放牛校長陳勝富

我從小就有「鬼靈精」之稱，父親交代我的事，我會想辦法提早完成，剩下的時間好去玩。碰到村裡的人發生爭執，我也會動腦筋，想出一個變通的方法，化解彼此的衝突。小學校長知道我點子特多，遇到困難或是村裡發生紛爭，總是叫我想辦法。我經常在情急的狀況下，腦筋跟著急轉彎，發揮我的「小聰明」，每次都不負使命，讓大人刮目相看。

也許是在鄉下長大，每天四處遊蕩，再加上喜歡沒事觀察，發現疑問就窮追不捨，非要弄個水落石出才罷休，因此，從小我就比一般同年齡的小孩活躍，手腳又快，做什麼都有收穫；別人捉不到魚，我三下兩下就能捕到一大堆魚；大人到河裡撈蚌，找了半天，才撈到三、五個，我知道蚌喜歡躲在濕潤的沙地，一出手就挖到又肥又大的蚌，羨煞了其他的人，大家都向我請教挖蚌的方法。

釣魚更是我的拿手本事，釣魚需要魚竿、魚線、魚鉤和釣餌，除了釣餌是取隨地可挖的蚯蚓外，其他的東西都是我一手包辦：像魚線，我曉得到山上採一種叫落尾麻，去皮去骨之後，將裡面的纖維用手搓成細線，這種線非常堅韌，幾個人合力都拉不斷。釣鉤比較麻煩，不容易找到。我把媽媽的縫衣針偷來，用火烤紅後，再用鉗子慢慢轉個彎，就成了釣鉤。

但是，縫衣針做的釣鉤不耐用，用不了幾次就斷了。之後我改用鐵釘，做法與縫衣針的步驟相同。這種鐵鉤堅固耐用，不但能釣到大魚，也不怕被牠拖跑，使用多年依然完好無損。類似這種野地取材的例子，眞是不勝枚舉。

前幾年，我曾看過湯姆漢克斯主演的「浩劫重生」，描寫男主角因搭乘的飛機失事，流落荒島，獨自謀生的故事。電影拍得非常感人，看此片的時候，不由使我想起童年的生活：在那個什麼都缺乏的年代，我利用自己的「小聰明」，及不斷動腦筋解決問題，爲自己平乏、貧窮的日子，尋找生活樂趣。如今回想起來，覺得眞是趣味盎然。

大山背的住家，以務農爲主，照理說，自己種田不會擔心沒有米可吃。事實上，一般農家吃的米，裡面都是攙雜著稗籽、稻穀和數不盡的細石子，若不仔細揀除，吃飯又不小心咬到小石子，馬上痛到牙根裡面，嚴重的話連牙齒都會被咬斷。

能吃到這種「五穀雜糧」還算不錯，不少農家必須在飯裡，加入許多番薯籤，煮成一大鍋，有時候連番薯籤都沒有，只能吃蕨類，嚼起來像咬樹根一樣難嚥！

日治時代，農家種的田，收成都要上繳，能夠留下來的有限，品質又差。

但是，「上有計策，下有對策」，儘管日本警察管理嚴格，定期來檢查種稻情形，但是，老百姓也有一套，想辦法在稻米收成前，私藏一些，祭祭五臟六肺，這是大家心中的秘密。

有一次，兩個日本警察把阿材的爸爸抓走了，我們跑到阿材家問原由，阿材媽一把眼淚一把鼻涕地哭著說：「還不是爲了家裡多藏了幾斤米！」

我一聽非同小可，馬上奔回家把這個消息告訴爸爸，因爲我們家也私藏了一些米。爸爸一聽，急得在房間直打轉：「怎麼辦？放在家裡太危險，萬一被抓到，一定會打得半死！」

看見爸爸緊張的直打轉，我突然想起一個辦法，於是興奮地告訴他。

「小孩子懂什麼！」爸爸不相信我有什麼好辦法。

媽媽比較支持我：「你就聽他講講有什麼關係。」

我見爸爸不反對，於是提出自己的方法：「誰看了放死人骨頭的骨罈子，都不會去打開它對不對？」

「這個時候你還問這個幹什麼？」爸爸一臉不解。

「我們可以把白米放在骨罈子裡，然後跟眞的骨罈子一樣，放在山上岩石下面，這樣既安全又不會潮濕，假如再放一些冥紙，插幾柱香就更像了，日本人絕對想不到骨罈裡會藏著米。」

爸爸一聽，果然是一個好辦法，於是立刻向阿土伯的窯裡借幾個骨罈，同時把日本警察爲了私藏米，把阿材抓走的事告訴阿土伯，要大家小心點。結果不但我們平安地躲過這一劫，左鄰右舍也因爲採用這個方法躲過一劫。

但是，過了這關，另外的難關又來了。隔了一段時間，前村的阿山伯又被日本警察抓去了。我聽大人說，他們是在舂米時被查到的。

「舂米會發出聲音，當然會被查到呀！」我覺得阿山伯太大意了。

「但是，糙米不舂，沒有辦法吃呀！」阿山嬸委曲地說。

「眞可惡！以後就不能再舂米了。」我覺得日本人實在可恨，專門欺負我們這些善良的老百姓：「我一定要想一個舂米時，不會出聲的方法，要不然每家都會被發現的。」

我終於想出一個好辦法，先把糙米放在一個大容器裡，然後利用水沖刷水車產生的力量，帶動齒輪，不斷轉動容器裡的糙米，很快糙米就變成白米，且聲音不大，終於解決村民舂米的問題。

我家的茶園，永遠有除不完的雜草，一家人幾乎從早到晚都在除草。除完的草晒乾後，除了可覆蓋在茶園底下當肥料，還可以拿到田裡燒掉當肥料，一舉多得。

我從記事以來，經常頂著烈陽，隨著家人到茶園除草，一身晒得又黑又亮。有一天，爸爸上工前交代我，五天之內把茶園裡的乾草全部集中起來，然後拿到田裡去燒。

我家的茶園是梯田的，佔地一甲，不要說五天內把乾草拿到田裡去燒，走一圈都要花好長一段時間，連大人都做不到，何況我這個乳臭未乾的小孩子。但是，爸爸是不管這些的，他向來只要求成果，不會教你方法，要你在五天內完成，你就要想辦法弄好。

我坐在茶園，不知道怎麼做，又不想馬上動手，腦子裡不斷盤算著，怎麼樣把茶園的乾草弄出去，最好兩、三天就能解決，這樣我就有時間玩耍。我天生就愛玩，如果五天都困在茶園拾乾草，會把我悶死的。

想到玩，我的精神就來了，但一時又想不出什麼好辦法。我順手拾起地上的乾草，邊搓邊想，搓著搓著，搓出一個草球。我把草球拿在手裡把玩，從右手丟到左手，再從左手丟到右手，在這丟來丟去的當兒，突然想到一個辦法：「我可以做一個大草球，然後順著陡坡一路滾下去。」

這需要一點膽量，還要有靈活的身手。我用鐵扒把茶葉下的野草全部扒出來，聚集在一起，做了一個大草球。割除的草經過太陽一晒，更加鬆軟有彈性。我小心翼翼地站在大草球的前端，彷彿玩特技一樣，大草球順著一塊一塊的梯田，慢慢往山坡下滾動，愈滾愈大，我的身子也隨著大草球移動，心裡雖然有些害怕，但是人很鎮定，毫不慌亂。

大草球滾到田裡自動停了下來，正在整地的父親吃驚地看著我，他想不到這個「人猴仔」居然想出這種滾草球的辦法，半天功夫就把野草整理了大半，簡直不可思議。我利用這種滾草球的辦法，只花了一天時間，就把滿山遍野的乾草，滾到田裡做肥料。

爸爸沒有食言，放了我四天假。我四處遊玩：釣魚、捕蟹、捉青蛙、找蜂蜜吃，日子過得再美妙不過。從此開啓我凡事動腦筋的習慣。

說起釣魚，我還有一精彩的故事。鄉下地方沒有好玩，除了樹就是草，小孩子也沒有玩具，大家都是利用現有的東西，

六歲半那年，當我可以吃下一碗飯時，父親指派我每天牽著牛去吃草。我家飼養的牛脾氣倔強，會欺負生手，我一個小孩子，哪裡是牠的對手。第一天拉著牠出去，牠就拿眼睛瞪我，我不知道輕重，用力猛拉牠，嘴裡還叫牠快一點！

牠不理會我，拔起腿用力地往前衝撞，我拉不住牠，雙手瞬間被磨破一塊皮，痛得我哇哇大叫。

父親聽到了，問我發生了什麼事？我向他訴苦說：「牛的力氣太大，我拉不住牠！」他聽了不以爲意地說：「傻瓜！如果你的力氣比牛大，你來耕田就好了，何必養牛！我們是人，不能和牛比力氣，要比智慧。」於是我便自言自語的說「對！凡事要動腦筋。」

話剛落地，阿牛又使出牛脾氣，存心讓我難堪。我想起父親的交代，立刻動腦筋想辦法鎮住這頭牛。剛好阿牛跑到一棵大樹旁，我靈機一動，緊接著把繩子繞在樹幹上，立刻降住這頭欺生的牛：「哈哈，看你怎麼跑？」我得意的大笑。

母親看我顧牛沒問題，又把照顧小妹的工作交給我，在這之前，都是大姊背著我幹活、上學，如今我長大了，自然該分擔家務。母親找來一塊舊布，把小妹縛在我背後，我一邊看牛，一邊哄她。背著小妹雙手變得不太靈活，阿牛見機又在作怪，不斷扭動身軀亂跑。我沒有辦法把繩子纏在樹上，兩隻手又被拉出幾條新痕，痛得我嚎啕大哭！

媽媽也不同情我，還說：「爸爸不是叫你想辦法嗎？坐在那兒哭有什麼用！」是的，想辦法。第二天，當我牽著牛出門時，無意間看見我家院子，懸吊了一個掛鉤，上面掛著一個藍子。

「掛鉤」，這給我帶來靈感。我砍下一棵多枝幹的樹，做了一個掛鉤，然後把掛鉤綁在繩子末端。當牛再度奔馳時，我放下繩子，讓掛鉤適時鉤住樹幹，牛被掛鉤絆住，再怎麼蠻橫，也衝撞不起來了。我把看牛和帶小妹的工作做得很好，媽媽就叫我「順便上學」，所謂順便上學就是牽著牛、背著小妹一起去學校。

我想：「能順便上學總比不上學好吧！」

於是我高高興興地牽著牛、背著小妹到大山背國小讀書。當時牽牛一起上學的學生不少，校長為了讓我們安心讀書，義務幫我們看牛，因此有「放牛校長」的稱號。

除了幫孩子看牛，校長經常利用時間，帶著師母到學生家幫忙，主要是鄉下人沒有讀書觀念，碰到農忙時，就叫孩子不要上學，在家幫忙。校長為了讓孩子能夠到學校讀書，主動幫忙村民。放牛校長的熱忱感動許多人，因此，一旦碰到無法解決的事，村民第一個想到的就是請他幫忙，校長也是來者不拒。

「放牛校長」原名叫陳勝富，畢業於日治時代的台北師範學校，他是我這一生，碰到最好的師長之一。校長雖是台灣人，但是在日人管理下，校長沒有說話的權利，碰到上級命令小學生利用上課時間去勞動服務，校長也沒有辦法。在他的腦海裡，經常想著如何讓小朋友多讀一點書，不要一天到晚都在做工，誤了孩子。

有一次，我們奉命去田裡抓象鼻蟲，象鼻蟲的長相與筍龜子差不多，是危害農作物的頭號害蟲，農作物被牠一咬就死了，嚴重影響收成，日人徵收的米自然減少。這是日本政府最不願意見到的，因此，三天兩頭派學生到田裡抓象鼻蟲。

校長擔心我們荒廢學業，每次都利用我們在田裡工作時，站在田裡，大聲講解歷史故事給我們聽，甚至還教我們九九乘法。田裡蚊子太多，每個人都被咬得一身包，奇癢無比，影響了成績。校長知道我是鬼靈精，問我有什麼辦法可以驅趕蚊子？每次有問題，校長總是鼓勵我想個辦法。

我想起在家一旦被蚊蟲咬到，媽媽就幫我搽一點樟腦油，不但止癢，蚊蟲也不敢再來，於是立刻跑回家，看看樟腦油是否可以對抗象鼻蟲。

當我把樟腦油滴在手上，有幾滴不小心落在水田裡，才不過一會功夫，水面上突然浮出許多死掉的象鼻蟲。

「這是怎麼一回事?」我不明就理，仔細觀察一會，終於找到答案：「哈！我懂了。」我像發現新大陸似的，立刻向校長報告，樟腦油可以殺死象鼻蟲，我特別試驗一次給校長看，證明自己所言不假。

校長非常高興，一把把我摟起來，由於重心不穩，結果兩人都跌在水田裡，我跟校長試驗，發現四棵稻子滴一滴樟腦油就夠了，但是這麼多田，什麼時候才能滴完?師生二人又坐下來研究，這時所有的學生已經回家，天也暗下來，只有我和校長坐在田埂苦苦思考。後來，我們終於想出一個辦法：在水桶底下插滿細針，也就是做一個自動滴油器，讓樟腦油自動噴洒。回家之後，我找來一個竹筒，在竹節之間鑽個洞，再插上一個尖細的竹棒，把樟腦油灌進竹筒裡：想要樟腦油滴得快，竹棒就往後拉，滴得慢，就往前推。我們就靠著這個自動滴水器，殺死成千上萬的象鼻蟲。

好心的校長不僅教我們讀書，還爲我們看牛，甚至還兼做村民的代書、和事佬、媒婆、碰到誰家鬧鬼，校長還要穿起日治時代校長的制服，戴上官帽，配上長劍，一路唱著雄壯的進行曲，去幫忙村民驅鬼。

遇到賺錢的機會，校長總是大力相助，不讓我們吃一點虧。當時小孩子都沒有零用錢，窮得連文具用品都買不起。校長也不計較，不時幫我們墊錢買紙筆，有時候一個月的收入都幫學生墊上。有一次，我發現一個賺錢的辦法，就是利用上學途中，採些草藥，晒乾後可以賣錢。很多同學也學我，把採來的草藥帶到學校。

校長看學生這麼勤快，心裡很高興，主動幫我們把這些草藥拿到校長宿舍晒乾，再把它們綁成一捆捆放在校長室，等星期天下山到鎮上時，幫忙賣給中藥店。後來，學生堆積的草藥愈來愈多，校長乾脆用扁擔挑上街，賣得的錢，幫我們換了筆記本、橡皮擦、蠟筆、色紙等文具。

嘗到甜頭後，有的同學還把家裡大人採的草藥全部搬到學校，家長看校長這麼熱心，也把他們捕到的野兔、松鼠、果子狸、猴子，委託校長幫忙銷售。換得的錢，幫他們買牙刷、鹽、火柴、香煙等日用品。、在那個窮困的年代，能夠賺一點錢，總是件好事，校長從不拒絕，還誇我們能幹。

沒有多久，他的辦公室變成草藥店與動物園了。由於東西太多，讓他疲於奔命。

後來校長想了一個辦法，請商人定期來學校收草藥，或是把動物帶走，方便我們早日拿到現金。

放牛校長眞是一個好人，我這一輩子都感念他。唯一讓我遺憾的是，我從來沒有想到爲校長畫一張畫，更不要說與他合照，每次想到這件事，內心就會痛楚起來，不能原諒自己的粗心！

多年後我也爲人師表，日日想的，就是學習放牛校長犧牲奉獻的精神。放牛校長對我一生影響很大，我慶幸在他帶領下，讓我的「智慧」、「才藝」得以適時發揮。

神頭神腦小天才

我自幼就愛四處遊蕩，再加上膽子大，爬高下低，捉蟹、抓蛇、採蜂蜜、烤蟋蟀……哪裡有新鮮事，就朝哪裡鑽，從不知道什麼叫危險。別人不敢嘗試的事，我總是一馬當先搶著做，遇有困難，小腦袋不停地東轉西轉，想鬼點子；吃的、用的、玩的，很多都是我在「窮則變，變則通」的原則下，動腦筋想出來的。

碰到稀奇古怪的事，我總是停下腳步，仔細看個清楚，這與我日後走上發明不無關連。

我最喜歡觀察昆蟲的動向，經常看得忘記回家。有一次，我發現有一種大約只有二、三公分的蜂，很努力地在挖洞，這個舉動吸引我的注意。過了一會，這隻蜂捉了一隻小蚱蜢回來，用力把蚱蜢拖進洞裡掩埋起來。我想知道蜂到底搞什麼花樣，等它飛出來，我拿了一個玻璃罐把洞蓋起來，想一探究竟。隔了好幾天，罐子裡居然冒出一隻與先前模樣相同的蜂。

我不清楚其中的緣故，以爲是大人說的「虺亡神」，就是把某個人抓起來，迷昏對方。當時我以爲：那隻蜂抓住蚱蜢，把它迷昏後，蚱蜢直接變成蜂。長大後，我從書中方得知原委：原來這是蜂的一種繁殖方式：蜂先把蚱蜢痲醉，然後在它身上產卵，再把蚱蜢藏在土裡，等幼蟲出生時，就吃那隻蚱蜢，吃完才飛出去。

我慶幸生在貧窮，事事需要自己動手做的農村，養成我隨時觀察的習性，否則我也不會對吃的、玩的、用的……那麼多東西產生興趣。

日治時代，每次遇到節慶日，都很隆重地慶祝，絲毫馬虎不得。台灣同胞雖然不服日本人，但在日本人高壓政策，無人可助的情況下，只好「嘴裡是，心裡恨」，表面上維持尊敬的態度。

每次慶祝節慶，都選在大山背國小舉行，且規定所有家長都要參加。一百多位家長，再加上小孩，兜攬生意的攤販，把學校擠得水洩不通。爲了容納這麼多人，學校把兩間相連的教室，取下中間相隔的門板，就變成一間大禮堂了。

節慶典禮都是用日文恭讀日本天皇的文告，我一句也聽不懂，立正站著，實在無聊，就在我東看西看的當兒，突然發現斜靠在教室外面的門板下面，居然有好幾個小小的輪子。等典禮結束後，我迫不急待地跑到外面，用手試試這些小輪子，結果發現它不但會轉動，而且速度非常快。

「多麼奇怪的東西！」我在心裡盤算，這些輪子有什麼用？我在教室地上，發現有條細細小小的鐵軌，突然明白，原來門板下裝上小輪子，門就可以在鐵軌上自由滑動。

「哇！這個輪子太好玩了。」我的腦筋像孫悟空在雲霧裡翻跟斗似的，一翻幾千里：「我想到一個新點子了。」我忍不住歡呼起來。從這天開始，我就期待下次的慶典趕快來到，終於讓我等到那一天；我看見老師把教室的門板拆下來，準備隔日舉辦節日慶典大會，內心忍不住一陣狂喜。

隔天一大早，我就溜出家門，朝學校飛奔。在離家不遠的一個小山洞，找出事先藏好的鐵錘、鉗子、起子、鐵釘等工具，還有一雙舊木屐，準備把小輪子釘在木屐下，做一個會移動的木屐，這樣就可以在學校裡溜來溜去。

「眞棒！一定很好玩。」我的腦子已經繪出那雙會移動的木屐。

慶祝大會十點才開始，趁家長還沒有來之前，我偷偷把小輪子拆下來，然後花了一番功夫釘在木屐上。由於技術太差，左釘右釘都釘不好，而且多次釘到自己的手指，疼痛難當，好幾次痛得要哭出聲，但看在好好玩的份上，只好忍著淚做下去。

終於大功告成，我興奮地穿上木屐，豈知剛剛起步，就摔得四腳朝天，兩眼直冒金星，痛得我幾乎爬不起來，我不灰心，忍著痛，咬緊牙，慢慢爬起來，接著又是「碰！」的一聲，連人帶木屐滾得好遠。

木屐剛好踢到教室的玻璃，不但嚇走了樹上的小鳥，也驚醒了宿舍裡的老師。兩位老師匆匆跑出來，看到我的傑作，簡直氣瘋了，除了罵我一頓外，還狠狠地修理了我，同時命令我趕快弄好，那眞是一個不幸的日子。

過了好多年，當我來台北讀師範學校時，才知道世界上有「溜冰鞋」這個東西。我好高興，別人都不知道，我在小學四年級，就知道做一雙會轉動的木屐，雖然效果不是很好。但是，這種隨時動腦筋的心裡，激發我日後朝發明的路上前進。

除了想出「木屐溜冰鞋」外，最讓我樂道的，就是替村子裡的人家，解決「放水」及「分水」的困擾。

我記得很清楚，那是我讀小學四年級發生的事。事隔至今，已有一甲子的時間，如今回想起來，就好像昨天發生的事，歷歷在目。那天早上，我牽著牛到學校上課，說是到學校上課，但是，十次有七、八次都被叫去做雜役，學校永遠都有做不完的差事。

那天也是一樣，我剛走進學校，就被犬養老師叫去幫忙取水澆菜、養雞、鴨、鵝，他從不管我們有沒有時間讀書，每天總是想辦法要我們做這做那，同學嘴裡雖然不說，心裡卻很氣憤！和妹提出要去告校長，要校長幫我們評評理，免得天天被犬養老師壓榨，做不好還會挨罵，甚至挨打，眞是苦不堪言。

「沒有用，我聽我爺爺說，校長是台灣人，現在台灣是日本人在管理，校長不敢得罪日本人，所以所有事情都是睜一隻眼閉一隻眼，不然犬養老師會向上級打報告，校長就會被處罰。」我把爺爺告訴我的話，轉述給大家聽。

大家都很同情校長，覺得他實在是一個大好人，每天幫學生做這麼多事，還要被日本人欺負。

正當我們在談論校長時，他卻突然出現了，嚇了我們一大跳。校長臉上貼了好幾塊膠布，旁邊還有明顯的紅藥水，好像受了傷。他一見到我就拉起我的手說：「阿欽，有一件事，我想請你幫忙，看看你有沒有什麼好辦法，可以讓劉家和楊家，不再爲了爭水打架。」

原來校長剛才就是爲了去調解兩家爭水問題，結果夾在中間做和事佬的校長，被兩家毆鬥的拳頭，打得鼻青臉腫，衣服也被撕壞了。

以前我因爲會想點子，不時替校長出個主意，爲他分擔解憂，因此很得校長疼愛，碰到一些棘手的問題，校長常叫我想辦法。別看我當時是個十歲大小的孩子，每次想出來的點子，都被校長採納，校長常誇我：「神頭神腦，是個天才。」

大山背村的住家以務農爲主，種田當然少不了水，爲了引水灌溉，村裡經常發生你爭我奪的事件。爲了多搶一點水，彼此不肯相讓，一言不和，立刻拳腳相向，拉都拉不開。

這種情形，已經上演好幾年，其中以楊家及劉家爭得最兇。他們自己沒有飯吃不要緊，要是繳不出糧穀，會被日本警察抓去毒打一頓。因此，大家都爭著搶水，擔心稻米長得不好。

搶水灌溉，原是大人的問題，如今校長也跑來找我幫忙，我毫不考慮，脫口說出：「只要把水源堵起來，然後用同樣大小的水管放出來就行了。」

「這個我知道，你忘了，上次我就是用這個辦法，問題是他們半夜爬起來做手腳，做了也是白做。」原來這個方法校長已經用過。

「這就麻煩了。」我嘴裡這麼說，腦筋卻不停地猛轉，人也陷入思考中。那幾天我爲了這個難題，整天悶悶不樂，人也沒有精神，同學問我發生了什麼事，我也懶得回應，大家還以爲我生病了。

事情過了三、四天，有一天，我心不在焉地在跟同學玩翹翹板，在蹺蹺板一上一下間，腦子裡突然閃出一道靈光：「哈，我想到了。」顧不得跌在一旁的同學，我立刻跑去找校長，欣喜若狂地說：「這個方法的道理跟翹翹板一樣。」我興奮地向校長解釋著我的發明：「先把水源集中起來，利用一個粗管來引水；在粗管下方，放置一個中隔板，板子兩邊再放一個可隨著水滿而傾斜的水斗。當左邊的水斗一滿，水斗會自動傾斜到左邊，水自然流到楊家，流完後，中隔板就會斜到右邊，於是水就會流到右邊劉家的水斗，過程與流到楊家的水一樣。如此一來，一左一右，兩邊水量就完全一樣，同時每次倒水都有木板打擊的聲音，只要聲音的節拍不變，就表示一切正常，誰也不能偷竊或動手腳。」

校長一聽，高興地把我抱起來：「這個方法太棒了。我現在就去教他們做。」兩家初聽這個方法，十分懷疑，異口同聲地說；「這是什麼鬼東西，我們以前從來沒有見過！」

「當然沒有見過，這阿欽剛剛發明的。有了這個東西。你們兩家再也不會爲了爭水大打出手了。」

幾天後，這個被我取名爲「公平分水」的小發明完成了。當水從粗管流出，經過中隔板，先流向左邊水斗，接著再流向右邊水斗時，站在一旁觀看的楊、劉兩家都高興地大叫起來：「眞是新奇。」從此兩家再也沒有爲了爭水，惡言相向。

爭水問題解決了，還有一個跟「水」有關的問題：就是秧圃怕雨打，這個問題困擾著許多農民。

秧圃就是把剛發芽的種子撒在泥漿裡成爲秧圃，在種子上面一定要覆蓋一層泥土，秧苗發育才會良好。要是在上面的一層泥土還沒有乾硬之前下了雨，就會把上層的泥土沖刷掉，使得種子露在上面，這樣一來，秧苗發育就差了，收成自然受到影響。

因此，種田的人一旦得知會下雨，就趕快在下雨前，把水先放進田裡，使得雨點不致直接打在種子上。但是春天後母面，誰也抓不穩下雨的時候，經常三更半夜，大雨傾盆而至，來不及放水進去的農民，只好眼睜睜地看著雷雨肆無忌憚地侵襲秧圃，想救都沒有辦法！

不久前，林大媽家的阿燦，早上才播下種子，當晚就碰上雷雨交加，阿燦來不及穿蓑衣，摸黑跑到田裡放水，結果一不當心跌到山谷裡，拄了好幾個月枴杖。其他人雖沒有跌到山谷，也常爲秧圃碰到大雨擔心，日子過得極不安穩。

我把這個情形告訴校長，他攤開雙手問我怎麼辦？「我就是想爲他們解決這個問題。」校長不懂我的意思，以爲一旦遇到下雨，我要替他們放水。

「這是最笨的方法，而且半夜我也爬不起來。」我把自己的想法說給校長聽：「我要爲他們裝一種自動放水機；只要遇到下雨，它就會自動放水到秧圃裡頭去，根本不用人動手。」

「你不是說夢話吧！你會做這種東西？」校長顯然不相信，像我這種年紀，居然會做這種科學的東西。

「很簡單啊！我都想好了。」我看校長還是不信，就把自己的想法明說出來：「先把水儲在上面的田裡，然後做好一扇活水門，再用繩子、柱子、轉軸依附在水門附近。就好像我們使用的磅秤，讓兩邊平衡；然後再用紙固定在柱子下方，其中紙就是最重要的關鍵。」

校長突然用力拍了一下額頭，大叫一聲：「哇！我懂了，接下去的讓我來說。」校長迫不急待地替我說完：「下雨的時候，首先雨會把紙打濕，紙一旦濕了馬上會爛掉，那樣一來，支撐的柱子失去力量，水門就自動放開了。對不對？」

「對對，就是這樣，校長眞聰明。」校長也不甘示弱：「當然囉！不然怎麼會教出像你這樣聰明的學生。」我和校長愈說愈高興，校長忍不住拉起我的雙手跳起舞來。同學見我跟校長相擁跳舞，好奇地跑過來圍觀。當他們知道我發明一種「自動放水機」，可以幫村民解決放水問題時，大呼我了不起，並表示願意幫我完成。

我們決定幫林大媽家的田先做，因爲她的先生和兒子都被日本人抓去服役，家裡沒有一個男人，迫切需要我們的幫忙。和妹幫忙找木材，小芋頭幫忙砍竹子，日本同學溝口三郎把他家裡的舊報紙捐出來，我們四個一齊動手做，結果沒有想像的那麼容易。

正式實驗前，和妹與小芋頭發生爭吵，和妹一氣之下，用水去潑小芋頭，結果不小心，全部濺到紙上，紙張被打濕沒多久就潰爛了，水門跟著開啓，儲在上面的水沖出來，想攔都攔不住。一眨眼的功夫，就把前面的秧圃給沖垮了。

溝口三郎氣得罵和妹：「林大媽已經夠可憐了，妳還弄壞她的秧圃。」和妹也不甘示弱：「你還敢罵我！其實她可憐，還不是你們日本人做的壞事，侵佔台灣不說，還把她的兒子抓去當兵，又把林大媽的先生抓去服長工役，家裡幾乎沒有人啦！」和妹愈說愈氣，聲音也跟著提高。

站在一旁的校長立刻阻止和妹：「不可以這樣講！」但已經惹惱了三郎，他揚言：「我回去告訴我爸爸，說你罵日本人，到時候你們就有苦頭吃。」校長一聽此言，立刻沉下臉，叫我們全部閉嘴，誰都不許責怪誰；「一種新的設計，本來就不可能一次成功，一定要經過多次試驗，然後再慢慢改良。」

講到這裡，校長瞄了三郎一眼：「其實三郎是大家的好朋友，爲人非常熱心，否則他也不會提供家裡的舊報紙。現在再照阿欽的構想，先做一道檔水牆，然後再試試，研究科學一定要有恆心，失敗了再試，即使成功了還要不斷改良，才能夠愈做愈好。」

校長適時堵住三郎的嘴，化解了一場紛爭，否則後果難以想像。在大山背國小沒有上幾天學，功課也談不上好，但是，放牛校長平日講的話，我都記得一清二楚，特別是他勉勵我的話，即使過了幾十年，依然深印在腦海裡。

「自動放水機」就在我們多次試驗、改進下，終於成功了。村裡的人再也不用擔心種子被雨水摧殘了。

自學自畫成一家

在我從事漫畫工作期間，經常有讀者問我，是什麼樣的因緣際會，讓我對漫畫產生興趣？繼而在這一行闖出名號。是天生的，還是後天培養？

老實說，我會畫圖，只有我自己清楚，我爸爸不知道畫圖有什麼用處，從來不會鼓勵我，媽媽也不知道畫圖可以幹什麼。我是自己慢慢摸索出來的。

大概在四、五歲時，我就喜歡東畫西畫，沒事從廚房灶下燒盡的木炭灰裡，挑選細一點的木炭，在我家的外牆上塗抹。我家的外牆是用紅磚一塊塊砌成的，紅磚的大小與現在用的A4紙張相差無幾，很適合畫圖。我不管三七二十一，拿著木炭就在紅牆上畫起來。我什麼都畫，最愛畫鳥、昆蟲、人物，畫得有模有樣。

日治時代，每年舉辦春、秋兩次清潔大掃除，不合格會被處罰。我家的圍牆被我畫得斑斑點點，怎麼刷都清洗不掉，結果被列爲環境不及格。祖父是一家之長，被日本人叫去罰站，還挨了一頓打。他很生氣，回來後狠狠地揍了我一頓，從此我不敢在圍牆上亂塗，只好找大石頭還有學校的牆壁上揮灑。

爸爸對畫圖沒有什麼概念，在他的心目中，會畫圖沒有什麼了不起，頂多到鄉公所做一個畫地圖的圖官，要不然就是畫神像。

當時老百姓拜的神像，都是用畫的，畫神像的師傅挑著擔子，挨家挨戶去問：「你家要畫神像嗎？」如果要，師傅就住在主人家，在桌上作畫。完成後，主人不是付錢，而是給米。另外，也可以到廟裡幫忙畫神像。

爸爸對畫圖的瞭解僅此而已，當他看到我的畫作，並沒有表示什麼，認爲那是小孩子的玩藝。有時候我在田裡幫忙割草，無意間抬起頭來，看見遠處的青山，常會不由自主的舉起手，對著遠山美麗的峻形描繪起來。結果遭來爸爸一頓責罵：「不做事情，手在比畫什麼！」

學校不上美術課，老師也不會教，但是絲毫阻擋不了我對畫圖的興趣，學校四周的牆壁都是我的傑作，牆壁畫不夠，我還在課本上畫，課本空白的地方，全部被我塗滿。有一次，大我六歲的哥哥來學校做代課老師，當他看到我的課本上畫滿了圖畫，大吃一驚，把我抓起來痛打一頓。即使挨了這麼多揍，我還是照畫不誤，好像一天不畫渾身就不舒服。

我生平第一次接觸有形的圖畫是美軍的宣傳單，令我印象深刻。二次大戰期間，美國奉命保衛珍珠港，總共派了十艘軍艦防駐在珍珠港外海。沒有想到，日本爲了響應歐洲戰場——德國軍隊的侵略行爲，在一九四一年十二月八日以迅雷不及掩耳的速度侵襲了珍珠港，結果造成上千美軍被擊斃，情況慘烈！美國遂發動攻勢，加入二次大戰的行列。當時台灣被日本人統治，也被列爲轟炸的地區。

雖然美軍不會對大山背這種偏遠地方丟炸彈，但是飛機經常會由我們頭頂掠過，只要飛機一來，空襲警報立刻響個不停，大家就近地找地方隱蔽。

有一天，我正在跟同伴玩，突然警報大作，美軍又來轟炸了。小孩子不知道危險，也不理會嗚嗚的警報，偷偷爬到山頂，找了一個好位置看熱鬧。一架架飛機從我們頭上飛過，刮起陣陣狂風，眞是涼快。正當我們聚精會神數有幾架飛機時，有一架飛機突然對著我的方向俯衝過來，飛機低得可以看清機上幾個人，長得什麼模樣。其中一個還對我們扮了個鬼臉，我們也跟他打了一個招呼，眞是好玩。

飛機離去不久，有許多紙張自飛機尾巴撒下，紅紅綠綠，要是好看，有一張剛好飄過來，落在離我不遠的地方，雖然老師告誡我們，不許撿飛機丟下來的東西，但我還是忍不住把它拿起來。

原來是一張四格圖畫，畫的是一個身材肥胖的日本南瓜大尉，帶著一個兔子小兵準備過河。過河前，南瓜大尉把腳上穿的長靴脫下來，要兔子拿著，兔子滿身滿手披掛的全是大尉的東西，沒有地方可塞，情急之下，把靴子套在兩邊的耳朵上。

我看了哈哈大笑，原來圖畫可以畫得這麼好看，我看了幾遍，仍覺得趣味盎然。回到學校，我把南瓜大尉的圖畫，依樣畫在教室外面的牆壁上，愈畫愈興奮，不知道何時，犬養老師竟站在我身後，我不知輕重，還向他邀功，看我畫得如何？

犬養老師十分生氣，問我爲什麼亂畫！我告訴他不是亂畫，但又無法說實情。犬養老師從我的口袋搜出那張宣傳單，氣急敗壞地去找校長，說我拿了美國人從飛機丟下來的傳單到處亂畫，在爲敵人宣傳，他要呈報上級，讓憲兵隊來抓我。

這下嚴重了，連校長也嚇出一身冷汗，不斷替我求情，說小孩子不懂事，無心犯下錯誤，絕不會替敵人宣傳，希望犬養老師不要介意。說好說歹，犬養老師不再追究，但處罰我爲他挑一個月的水，還要把牆上的圖畫清洗乾淨，免得被其他同學看到。

校長帶著我去清洗牆上的圖畫時，也忍不住對著牆上的圖畫端詳起來，他奇怪，也沒有人教我，爲什麼我會畫圖？看了一會，他嘆了一口氣說：「阿欽，老實說你畫得眞像，怪不得犬養老師這麼生氣，以後要聽老師的話，才不會惹麻煩！」

想不到，畫得像也會引來麻煩。好在沒有多久，台灣光復了，我可以自由自在的畫，再也不用擔心畫出問題。

畫圖比賽頻落選

三十八歲那年，也就是一九七二年，我獲得第十三屆文藝獎，同年還獲得全國優良連環漫畫第一名獎；隔年當選全國特殊優良教師，蒙蔣總統召見，從此獲獎連連，什麼金頭腦獎、國際發明獎、漫畫終生成就獎……講也講不完，有一個記者甚至以「職業得獎人」形容我。

但是，很多人不知道，我在求學過程中，幾乎沒有得過什麼獎，即使參加畫圖比賽，也沒有入選，有的在初選時即被淘汰，評審都不認爲我畫得好，有的甚至還評批我的作品與主題相差甚遠，忽略我的創意。

我第一次參加畫圖比賽是小學三年級，由新竹縣舉辦全縣小學圖畫比賽，題目是「颱風之夜」。我很想參加，但是沒有錢買畫圖紙，準備參加比賽的同學，都是花一毛錢向校長太太買畫圖紙。

校長老家住在橫山，離學校有四個小時的路程，由於路途太遠，一家人都住在學校後面的宿舍，幾個月才回去一次。橫山比較熱鬧，街上開了有許多商店，校長每次下山，都會順便帶回一些學生使用的文具，放在師母那裡，需要的人，可以向師母購買。雖然東西都是照本錢賣，但對我來說，一毛錢也是一筆大數目，爸媽從來沒有給過我錢，可是我要參加圖畫比賽，一定要有一張畫圖紙才行。

我自認口才不錯，又很會交際，腦筋一轉，決心去找師母談談。我想出一個萬無一失的問題，準備跟她打賭，免費弄一張圖畫紙。到了師母住家門前，躊躇半天，不敢敲門，最後還是師母看見我在門前不斷繞圈子，才出來問我有什麼事？

我吞吞吐吐地表示，想跟她打個賭，她奇怪，爲什麼突然想跟她打賭。我支吾了半天，還沒有說出原委，師母就笑著說：「你這個小傢伙，想打什麼主意？」師母對我一向不錯，知道我有點小聰明，又喜歡幫助人：「好，不管爲什麼，你說吧！你要賭什麼？怎麼賭？」

一聽師母願意賭，我立刻指著身上穿的短褲說：「妳猜，我穿的這條褲子哪塊布是原來的？」

「哪有這種賭法？」

師母搞不清楚我玩什麼把戲？我卻信心十足，因爲我的褲子已經補了好幾塊，根本看不清楚哪個是新？哪個是舊？無論她猜哪裡，我都說不對。

「我要是賭贏了有什麼好處？輸了又怎麼辦？」師母笑迷迷地看著我。

我告訴師母，如果她贏了，我幫她挑十擔水；學校沒有校工，師母用水，都是到學校附近的一個水井去挑，然後儲存在水缸裡。

「如果輸了，送我一張圖畫紙。我要參加畫圖比賽。」

師母一聽我要參加畫圖比賽，立刻說不必賭了，免費送我一張。

「我不能白要人家的東西，校長說，人不可以不勞而獲。」

「好吧！那就打賭。」

說著師母就低下頭來，朝我那件補了好幾塊補釘的短褲看。我自上學以來，除了天冷，其他時間都是打著赤膊，光著腳，只著一條短褲到學校，從不覺得難爲情，如今師母這樣看著我，倒叫我不好意思。

「這塊。」師母指著我前面的褲管說。

「不對。」我搖了搖頭大聲回答。

「師母輸了，我去拿一張圖畫紙給你。」師母二話不說，進屋就拿了一張圖畫紙給我。

光有紙，沒有蠟筆也沒用，於是只好利用木炭、樹脂、花汁這些不需要花錢的東西著色。我畫得很用心，把心中的「颱風之夜」一筆筆的勾勒出來。

當我把畫好的圖畫交給老師，冷不防被他狠狠地罵了一頓：「劉興欽！你畫的是什麼東西！黑漆漆的一片，只有兩個圓點！這是什麼颱風之夜？亂七八糟，不像話！」我趕緊替自己說明：「有一次颱颱風，我牽著牛上學，我把牛拴在一棵小樹幹上，讓牠吃草，免得牠亂跑，想不到風太大，等我上學回來，樹幹居然被吹倒了，牛不知道跑到哪裡去了？我嚇得要命，不停地在四周尋找，找了好幾個小時，天都暗下來了，結果在黑漆漆的樹林裡，突然看見兩個發亮的白點，我好高興，那是我家的牛。」我怕老師不清楚這兩個白點，進一步解釋：「動物的眼睛在黑夜裡會發亮，看起來就像兩個有亮光的玻璃球。」

老師根本不聽我的解釋，他認爲我的畫主題不明，不可能得獎，因此，主動將我淘汰，拒絕把我的圖畫送出去參賽。我很難過，覺得自己好差勁！連參賽的資格也沒有。另一方面，我認爲這次失敗，是因爲我用不正當的手法，騙了師母的圖畫紙，所以老天處罰我，故意不讓我參賽。愈想良心愈不安，覺得自己做錯了。

第二天，天還沒有亮，我就跑到學校，自動幫師母到水井挑水，一連挑了好幾天。後來我才明白，師母當初不跟我計較，故意放水讓我贏，當她知道我內心慚愧，還勸我不要放在心上，並送給我三張圖畫紙，感謝我爲她挑了三天水。

這是六十年前發生的往事，我至今記憶猶新，感謝師母如此厚愛我。進入芎林初級中學就讀時，我對自己的圖畫深具信心，美術成績一直都領先其他科目，班上同學都知道我很會畫圖。

芎林中學的前身是芎林農業學校，我的哥哥就是該校畢業的。光復後，芎林農業學校取消，改爲芎林初級中學，首屆校長是湯天才，他很重視學生的美學教育，每星期都舉辦不同的比賽，像演講、歌唱、書法、作文等，得獎者還可以在周會時上台領取獎狀，十分風光。

開學第十周，舉辦美術比賽。我知道自己的機會來了，努力畫了一張風景畫，參加角逐，結果得了第一名，這是我首次得到這麼好的名次，天天等待著上台領獎。

結果眞是令人失望，那個星期學校忙著整地，臨時取消周會，頒獎儀式也跟著取消。最糟糕的是，連獎狀也免了，實在讓人洩氣。我這個第一名，就在自己暗喜，學校遺忘的情況下，悄然度過。

芎林中學畢業後，我考取台北師範學校美術科，這是我一生最用功的時候，每天不停的畫圖，希望有好的成績。

有一次，學校舉辦漫畫比賽，題目是「尊師重道」。我想，既然是漫畫比賽，一定要博君一粲才對，於是畫了一個戴著深度近視眼鏡的老師，邊走邊看書，不小心踩到一位小朋友的腳。老師沒有發現，小朋友也不敢說，忍著痛，呲牙咧嘴地望著老師。完成後，我自己都忍不住笑了出來。

進行評審前，教我們軍訓課的郭教官，無意間在辦公室看了所有參賽的作品，他雖不是評審人員，但頗有見解，他對我這幅漫畫，留下深刻的印象，認爲一定會脫穎而出。

郭教官畢業於上海藝專，抗戰時加入軍旅，大部分從事文宣工作，官拜上校，來台後轉入教育界，是一位幽默風趣的人。

那天上課時，郭教官笑容滿面地對同學說：「今天我看了一下漫畫比賽的作品，有一張眞是天才之作，畫得非常好，是劉興欽畫的，我認爲他會得冠軍，很有創意。」郭教官並把我畫的那張漫畫內容講一遍給大家聽。

聽郭教官這麼說，同學們也認爲冠軍一定是我，吵著要我請客，我樂陶陶地滿口答應，身上像長了翅膀，飄飄然。誰也沒有料到，結果我竟是最後一名，落選的理由是：「對師長不敬」，這一棒眞是打得不輕，令我啞口無言。

之後，我發現得到首獎的作品，內容是幾個小朋友，恭恭敬敬地向老師敬禮，老師微微點頭，十分欣喜。

好在同學並沒有嘲笑我，我也不提這件事，只希望以更好的成績，洗刷掉這次參賽的尷尬！

半夜起來偷殺豬

年輕時讀歷史，讀到《晉書・惠帝紀》這一章，說晉惠帝是個養尊處優，昏庸無知的君主。當時天下大亂，民不聊生，老百姓四處逃難，飢寒交迫，餓死路旁的不知有多少。晉惠帝聽到這個消息，居然說：「他們怎麼不吃肉呢？」

每次看到這段歷史，總會讓我不由自主地想到小時候，天天幫媽媽餵豬、清豬舍，但是卻難得吃上一口豬肉的日子。常常幾個月都聞不到一點肉味，每個人的肚子都乾扁扁的，沒有絲毫油水。豬肉對我們來說，眞是可望而不可及的

日治時代，日本人爲了嚴格控制牲口，規定農家飼養的每一頭牛和豬，都列有戶口，嚴加管控，不能隨意買賣，飼主要想吃一塊豬肉，簡直比登天還難，不知要花多少體力，等待多少日子，才能在神不知，鬼不覺的情況下，躲開日本人的眼睛偷吃，絕不能曝光，否則後患無窮。

日本人規定，農家養的牛，每年都要帶到指定的地方，接受點召。每一頭牛角上

都烙個印，點名時先量體重，看看比去年重多少？接著再檢查牛的健康情形。豬也要接受臨檢；每條豬的耳朵上都被剪個缺口，一眼就能看見，表示這是日本政府寄養在農家的豬。

日本警察每個月都要來查戶口，大家心知肚明，美其名是查戶口，實際上是查豬隻，看看這些做了記號的豬長得如何？有沒有被偷賣掉？萬一豬隻生病死了，農家要立刻呈報，上級還會派人來檢查，確定死亡，警察才能註銷豬籍，否則空口說白話，是要被嚴處的。

一隻豬養個一年，就有近百斤重，剛好可以宰殺，這個時候日本人就以極低廉的價格把豬買去；宰殺之後，豬皮可以製成皮鞋，供日本軍人使用，豬肉則配給日本軍、警和公務人員，辛苦養豬的農民，連一條豬尾巴都留不住，眼睜睜地看著日本人把豬抬走，心裡的氣憤可想而知。

不知道是誰想出一條妙計：把養得兩、三個月的豬隻，偷偷移到人煙罕至的山裡。然後再去找一條小豬，依樣畫葫蘆，用剪刀把小豬的耳朵剪個記號，冒充一下代養的豬隻。像我家在深山隱密處，就有一座豬寮，專門爲了養豬隻偷蓋的。爸媽三令五申告誡我們：「千萬不能走露半點風聲。否則吃不到豬肉，還會被抓去關。」我們知道事態嚴重，口風緊得很。

當警察來查戶口時，常會蹙著眉頭，一臉狐疑地問：「奇怪！這是你們餵的豬嗎？爲什麼老是長不大？」他左看右看，想確定一下豬的身分。

「是啊！是你上次登記的那條豬啊！」媽媽霎有介事地說：「你不想想看，年頭不好，人都吃不飽，油水又少，哪有東西給豬吃，能夠養這麼大已經不錯了，我眞擔心養不活！」

媽媽一向能言善道，碰到這種場面更是有話要說，她說的是事實，但聽在警察的耳中，十分刺耳，只得快快離去，臨走時丟下一句：「好啦！你們好好照顧。」

我猜想，他一定覺得事有蹊蹺，只是抓不到證據。

當時每戶人家都有把豬隻偷運到山上飼養，彼此有個照應，等到小豬養大，各家輪流宰殺，豬肉平均分配。動手前一個禮拜，彼此就密密協商殺豬事宜。那幾天大人們都顯得特別興奮，爸爸也不會大呼小叫我做這做那，「啊！貧困的日子，能夠吃到豬肉，是一件多麼令人快樂的事。」

殺豬都選在深夜一、兩點進行，養豬人家幾乎全來幫忙：殺豬的殺豬、刮毛的刮毛、婦女則幫忙生柴、燒水、處理豬血。當一把長長的利刃刺進豬隻喉嚨時，豬血像噴泉似的大量湧出，站在一旁的蘭叔，趕快拿個大鐵盆接住，一滴都不讓它跑掉。

大夥忙得團團轉時，一碗熱騰騰、香噴噴，上面飄著油蔥和韭菜的豬血湯，已經煮好了，每人一碗，直吃到碗底朝天還不肯放下。分肉是另一段高潮戲，那是大家熬了好幾月的期盼；一塊塊油膩膩、帶著血漬的肥豬肉，摸在手中，竟似綾蘿綢緞般地柔軟。

吃完豬血湯，分好肉，大家心滿意足地抹淨嘴巴，準備打道回府，臨行前，還會討論下次該宰誰家的豬？回到家，天還未亮，先把豬肉煮熟，讓家人大快朵頤一番，爸媽也會在旁邊千叮萬囑：「不可以跟任何人說你有吃豬肉。」

吃剩的肉用鹽醃起來慢慢享用。醃好的肉也像藏米一樣，放在骨灰罈裡，然後拿到山上的岩石縫裡藏著，遇到特別的日子，媽媽才會從骨罈裡，拿出一點醃肉，給我們加點菜。

儘管我們很小心地藏匿小豬，但仍不免遇到風險。有一次，我跟茶妹在小河溪撈魚，突然看見一個日本警察，偷偷摸摸往茶妹家走去，茶妹嚇得臉色發白：「完了！日本警察到我家幹什麼？」還未說完她即緊張地哭了起來：「這下一定會被他抓去打一頓！」

我跟茶妹跑到她家門口時，聽到日本警察咆哮地對她媽媽說：「照記錄妳多養了一頭豬，老實說，這頭豬是哪裡來的？」

茶妹媽嚇得直發抖：「警察大人，因爲剛買來，還沒有向您報告。」

「快說，是向誰買的？」日本警察緊追不捨。

「不好了，我家也有一頭豬沒有報籍，萬一被抓到……」想到這，顧不得茶妹家的事，立刻拔腿往家跑。媽媽背著妹妹，正在廚房做午飯，我大喊一聲：「媽！不得了，日本警察來查豬籍了，快把豬藏起來！」

媽媽一聽我說日本警察來查豬籍，慌亂地丟下鍋鏟，不知如何是好：

「要藏在哪裡？」

我也亂了方寸，腦子裡一片空白，不知道該把豬藏在何處！

「把牠放到床上用棉被蓋起來好了。」媽媽想出一條計謀。

「那樣不是太髒了嗎？而且豬怎麼會乖乖躲在被子裡，萬一動起來，一定會被發現。」

「那怎麼辦？總比被抓去毒打一頓好吧！」媽媽不停地朝窗外張望，當她看見日本警察朝我家走來，更是急得冷汗直冒：「阿欽，平常你不是很會想辦法嗎？你趕快想個辦法，你看小妹都被嚇哭了！快呀！」

媽媽一提到小妹，我突然心生一計：「媽，快把包小妹的包巾給我，把小豬背在我背上。」

「這怎麼行，萬一小豬在你背後發出聲音怎麼辦？」

「沒有其他辦法好想，只好用這個辦法。」

當媽媽剛把小豬綁在我的背後，日本警察就來敲我家的門。

媽媽跑去開門，同時回過頭來小聲對我說：「你要小心一點，千萬不要讓豬發出聲音。」

日本警察進門後，要求媽媽帶他去看豬養在哪裡。路過我身旁時，我嚇得不停地發抖，擔心小豬會發出聲音，好險！牠好像睡著了。

日本警察見我全身發抖，問我爲什麼緊張，是不是做了壞事？

我正想解釋，熟睡的小豬竟然發出呼嚕聲，我也不知哪來的勇氣，突然放聲大哭，想把小豬的打呼聲掩蓋過去。

「哭什麼？我又沒有打你！」日本警察一臉兇相地對著我。

媽媽立刻上前說明：「他膽子小，每次看見日本警察都會被嚇哭，眞對不起。」

媽媽一面向日本警察鞠躬致歉，一邊對我說：「不要在這裡哭，吵到警察大人，還不趕快出去！」

我一聽媽媽這麼說，哭得更大聲，然後藉機跑出去，剛走出去，背後就傳來媽媽的聲音：「跑得愈遠愈好。」

我跟媽媽絕佳的搭擋，讓我們免掉這次挨打，小豬也順利保留下來。台灣光復後，吃肉雖然不像以前那麼困難，但是也不是家家都吃得起，務農的人家，頂多買點肥油油的五花肉，讓腸胃沾點油，滋潤一下，內心就不知道有多高興。

初中，我讀的是苪林中學，從大山背到苪林，走路需要六個小時，因此，我寄宿在苪林的堂姊家，放假日才回家。

堂姊夫是一個豬肉商，每天挨家挨戶尋找誰家的豬要賣，談好的豬，就在自家後院進行屠宰。那時候沒有屠宰場，賣豬肉的都是在自家後院屠宰豬隻，時間是清晨三點。一切弄妥當後，七點左右挑到市場販售。

在我沒有寄宿堂姊家前，殺豬的工作都由堂姊夫負責，自從我來了以後，這個工作就漸漸落在我身上。

屠宰豬隻前，還有一個重要工作，就是抓豬的當天，豬販必須在早上起，就守著準備成交的豬，避免飼主餵食，增加體重。豬很懶，除了吃站立外，大部分時間都躺著。這個時候，豬販要不停地趕牠，讓豬盡量排掉身上尿及糞，待會磅秤算錢，買主才不會吃虧。一直要忙到下午，才把豬運回來，第二天清晨屠宰。

從住進堂姊家第一天開始，我不時看見堂姊夫殺豬，看多了，也不覺得恐怖。首先他與另一個屠夫，把一頭捆綁好的豬，抬到一個灶上，然後拿著一把長約半公尺的尖刀，對著豬的喉嚨猛刺進去，豬驚嚇得不斷嚎叫，接著再把豬翻個身，刀子順勢用力一轉，豬血隨後噴出。先前準備好的盆子，立刻接上去，不停地用手拍打，打出濃濃的泡沫，不一會就凍結起來，可以做豬血。等血流盡後，豬也沒有半點聲響了。

從小我就承擔家裡許多工作，當堂姊夫叫我幫他殺豬，我也沒有什麼意見。爲了殺豬，堂姊夫規定我晚上不要看書，吃完晚飯就上床睡覺，清晨三點起床，才有精神宰豬。

由於我的體力有限，通常都是宰中型豬。殺豬工作比較簡單，最辛苦的是處理豬的內臟：大腸、小腸、豬肝、豬心、豬肺，全身弄得髒兮兮不說，還有一股難聞的豬騷味。處理完內臟，接著是處理豬的尿液，有的豬體內積了五、六斤的尿，這個時候動作要小心，不能把膀胱弄破，因爲可以向飼主要求，退還尿液重量的價錢。

到了七點鐘，堂姊夫、堂姊抬著豬肉到市場銷售，我挑著內臟，跟在他們旁邊。這個時候正是上學的時間，學生都朝學校的方向走，只有我走向市場。途中碰到兩個班上的同學，他們向我打招呼；「阿欽！你還不上學？快遲到了！」

我看了一下堂姊夫，他沒有開口，也沒有讓我走的意思，我急著哭了出來，聲音愈哭愈大，害怕遲到了，被老師處罰。

「好啦！好啦！快去上學。」一聽到堂姊下達命令，我立刻丟下擔子，飛奔似的朝家裡跑去，換下沾了豬血的衣服，再換上制服，然後背起書包，三步當做兩步地往學校衝。

我因厭倦殺豬、賣豬肉的工作，一度搬到學校寄宿，後來因爲付不起住宿費，初三那年，又回到堂姊夫家寄宿。當時堂姊家養了一頭準備參加競賽的「豬公」，一天要吃好幾頓，照顧的工作就交給我做。每天下了課，我背著堂姊的小孩，先幫堂姊夫銷售未賣完的豬肉，接著到水圳邊去洗番薯，切好、煮好，再拿去餵「豬公」，每天就忙這些事，沒有多餘的時間讀書，直到我考上台北師範學校，才遠離與豬爲伍的生活。

義民祭典殺豬公

台北市舉辦的「客家義民祭典」活動，至今已有十六年的歷史，每年都吸引客家鄉親共襄盛舉，各地的義民廟也前來參加這場盛會，場面十分熱絡。這項活動連續五年由台北市政府主辦，今年市府大廳布置得宛如客家義民廟，祭典活動當然少不了「神豬」。只是近年來，不鼓勵用大神豬等牲禮作爲祭品，所以改用各式有創意的神豬取代，像用草紮成的，或用米糕作的，五花八門，十分鬥趣。

六、七十年前，台灣還是個農業社會，老百姓沒有什麼娛樂，生活十分簡單，所以信仰就變得相當重要。敬神拜佛和拜祖先，對淳樸的農民具有很大的安定作用，對整個社會在道德和行爲上，也有很大的規範作用。

日治時代，嚴禁老百姓有宗教信仰，也不許敬神拜祖，壓得住的是表面看得見的地方，如廟宇和神像，但是壓不住老百姓敬神和拜祖的心，逢年過節，大家還是偷偷地拜，省吃儉用也要把貢品弄得豐富些。

台灣一光復，人們終於擺脫日人的控制，歡欣鼓舞之餘，所有的廟宇立刻恢復原來的面貌，大人、小孩毫無顧忌，快快樂樂到四處拜拜。義民爺不但是客家鄉親的精神信仰中心，也是心靈寄託的地方，老百姓都尊重義民爺保境安民、爲家園犧牲奉獻的精神。因此，客家人居住的地方，一定有義民廟，且每年舉行大拜拜，「神豬」競賽是其中的一項活動。

光復第一年，剛好輪到宰殺我家餵養的「豬公」，接著運送到竹北的義民廟拜拜。我們在拜拜的前一天把「豬公」殺好，爲了怕牠腐爛，體內塞滿了明礬、防腐劑，當天晚上由四、五個人輪流連夜抬到竹北，全程需要一天一夜。七月，天氣酷熱得要命，即使馬不停蹄地趕路，豬還是會出現異味。

另外，還有一個規矩，輪到誰家殺「豬公」，家中要派一位最乾淨的人，在拜拜前一個星期，住進義民廟，跟著祭典儀式參拜。我家當時無人可派，再加上我比較機靈，所以爸爸就派我去。臨行前，媽媽把我穿的衣服洗得乾乾淨淨，還用香薰過一遍，再三交代我守規矩，不可以講髒話。

「如果講髒話被義民爺聽到，會被割舌頭！」媽媽再三警告我。等我住進了義民廟，才發現隨行的人年齡都比我大，我的年齡最小，講髒話的都是大人。

正式祭拜前一天，先放水燈，義民廟前有一條河流，放水燈就在那裡舉行，我的堂哥劉興錦特別趕來幫我的忙。爸爸十分慎重，做了一個大水燈；水燈中間用木頭做材料，兩邊用香蕉的樹幹，他說這樣比較重，水燈不易翻倒，可以流到很遠。

在舉行放水燈典禮前，隊伍先在市街繞一圈，再來到河岸，在一片頌經聲下，每家將水燈放入水中，傳說水燈流得越快，該戶人家當年的運道就愈好。放水燈時，堂哥對我說：「待會我游到水中去放水燈，你來燒香。」他怕長褲弄濕，脫下來要我幫忙拿著。

等我燒香時，發覺拿著褲子燒香太不雅觀，對神明也不敬，隨手把褲子放在神桌下藏著，等燒完香我竟忘了拿回來，等堂哥放完水燈後，問我要褲子，我才記起這件事。趕快去找那張桌子，結果褲子竟被偷了。那是堂哥唯一、也是最好的一條長褲，導致他只好穿著薄薄的內褲，東藏西躲地參加祭典。爲了這件事，叔叔把我罵得半死！拜拜的第二天，開始進行普渡；只見一個搭得丈餘高的台子，上面掛滿了雞鴨魚肉和孤飯，全省的乞丐聞風而至，還有一個乞丐頭在指揮，場面十分壯觀。普渡完畢，主持人一聲令下，大家就蜂擁而上，搶奪食物，秩序一時大亂。

這一個禮拜，我不敢亂跑，隨時聽候主持典禮的法師叫我捻香拜拜，日子顯得十分冗長。唯一高興的是，有許多東西可吃，但是，因爲祭拜的時間，不少食物都發酸了。每天吃飯的時間一到，我第一個跑到飯桌前，不動聲色，先聞聞飯有沒有餿味，如果有，悄悄放下，再到別桌選擇沒有餿味的吃。

拜拜結束後，「豬公」被抬回來，經過兩天的折騰，整隻豬發臭不說，還變得黏糊糊的，好像鋪了一層漿糊在上面。在物資缺乏的年代，吃都吃不飽，更別說吃肉，誰捨得把一頭豬丟掉？當天，我家的親朋好友都來了，大家都是等著分一杯羹，沒有人聞到豬有異味，已經不新鮮了，大家只想到大快朵頤一番，美味掩蓋了臭味！

那條臭氣沖天的豬，就在鄉親一陣歡呼中，四分五裂地破解開來，每戶都有分，拿到豬肉後，大家歡天喜地回家，然後迫不急待地吃下肚子，「哇！眞是美味極了。」老天保佑，事後沒聽說，誰吃了發臭的豬中毒，或是拉肚子。每個人都期盼：明年的義民祭早早來到，屆時好再大快朵頤一番。

老實人不做壞事

中國近代小說家魯迅寫了一篇很感人的小說「在九人之上」。書中講到兩個從小在一起的玩伴，長大後不同的際遇；其中一個就是魯迅，長大後到城裡去唸書，另外一個因爲沒錢唸書，就在家裡打零工。魯迅最後變成全國知名的小說家，回到老家去看這位老朋友，他正在幫人推車，生活十分困頓，看到魯迅，十分羞赧，說道：「老爺，你回來啦！」魯迅聽後眼淚不由自主地掉下來。

小時候，我並不愛讀書，班上的同學也跟我差不多，大山背國民小學的學生，來自附近幾個村子，學生總共有一百多人，共分爲三個班，一、二年級一班，三、四年級一班，五、六年級一班，不管是哪個班級，很少有全班到齊的時候。主要是年輕力壯的都被拉去當兵，沒有被抓走的中老年人，就成了「壯丁」，經常被徵調做長工，幫忙修機場、造橋、鋪路，一去就是好幾個月。婦女則必須挑起家事的重擔，不時還要服勞役。

小孩子也不能幸免：規定每星期要繳五斤樹皮、三斤蓖痲子、五斤番薯葉、十斤馬草乾等野生植物給老師，再榨油、織布，供應前線，另外，還有臨時撿竹枝、清除田裡的害蟲等。學校的日籍老師也不放過我們，動不動就要小學生幫他挑水，洗這洗那，永遠都有忙不完的事，根本沒有時間讀書。

大人不管小孩做什麼，只要家裡有事，一定找孩子來幫忙，特別是農忙的時候。只有冬天，田裡的事少了，小孩子在家沒事，大人嫌他們吵吵鬧鬧，十分煩人，就會趕小孩子去上學。即使去學校，也希望孩子能「肩挑籮筐手牽牛」，外加背著弟妹前去，充分發揮上學校的效益。可以說，農家出身的小孩，沒有一個是吃閒飯的。

我就是在每天幫忙家事，還要「抽空」上學的情況下，糊里糊塗地讀到小學五年級。五年來，沒有考過一次試，交過任何一篇文章，學校的日文課程應了一句諺語：「七竅通了六竅，一竅不通」。從未聽過誰的老師誇獎誰的功課好，反正大家都差不多，沒有什麼好丟人的。

一九四五年，台灣光復，我十一歲，進入六年級就讀，才開始學習中國字，認識中國文化。日本戰敗走了，老百姓的工作壓力及精神負擔，頓時減輕很多，小孩子有時間摸摸書本，儘管初學漢字十分辛苦，但是，能夠學習總是一件令人高興的事。在這之前，我從來不知道，台灣還有閩南人，我以爲台灣只有客家人及原住民。

五年級結束的那年暑假，我仍像平常一樣，牽著牛去山上吃草。正當我把腳伸進水裡使勁打水時，有一個奇怪的人站在草地上叫我，他穿著漂亮的衣服、褲子，背著一個袋子，還有一雙我從未見過的鞋子（後來我才知道那叫登山鞋）。我心想：「他是誰？」穿得怎麼跟我們不一樣。

原來他是從台北來的大學生，趁著暑假東跑西跑到各地採集植物和昆蟲標本。大學生非常客氣，講了一些大學生的事給我聽，令我十分嚮往。他並鼓勵我，長大後可以到台北讀大學，可以學到更多的東西。「大學」這兩個字對我是太陌生了，如果讀大學可以有漂亮的衣服，還有鞋子穿，那我倒想去讀呢！可是……

「我們是種田的，沒有錢唸大學。」我說出自己的疑慮。

「千萬不要這麼想，只要你有心讀書，一定能夠達成心願。初中畢業，你可以去報考師範學校，或是等你高中畢業，去考師範大學。師範學校是公費，吃住都免費，不要花一毛錢，畢業以後就能當老師。」

「眞的？」我不敢相信，還有吃住不要錢的學校，眞是太棒了。那一刻，我對繼續升學有了好感，慚愧得很，不是為了可以多讀書，將來做一番事業，而是可以穿漂亮的衣服、鞋子，還有漂亮的袋子。

小學畢業後，爸媽允許我去唸初中，不要做礦工，辛苦一輩子，即使將來做個莊稼人，也希望我能識字算帳，以免被人看不起。當時的初中就是現在的國中，不是義務教育，需要經過考試。學校設在芎林，離我家有好幾個小時的路程。

阿財是我小時候的玩伴，也是我的同班同學，他也有意報考初中，於是我們兩個一起用功讀書，準備結伴報考芎林初中。

報考的日期快到了，報名要交照片，老師囑咐我們到竹東去照相。我不明白，考試為什麼要交照片？老師告訴我，照片貼在准考証上，監考人員比對一下，就知道是不是本人來應考。

原來考個初中還有這些規定。回家後我把交照片的事告訴爸爸，並且要到竹東去拍照，爸爸雖有一百個不願意，但既然這是老師說的，他也只好答應了。爸爸對老師這個頭銜，始終存著崇敬的心理，他最大的願望，就是我長大後能做老師，而且娶個老師娘。

當我拿了錢邀阿財一起去拍照時，阿財的爸爸也提出跟我同樣的問題：「有名字就好，要相片做什麼？誰會去冒名代別人考試？」

阿財的爸爸顯然不相信有人會去做這種事，這也難怪，一個老老實實的莊稼人，一輩子辛辛苦苦在田裡討生活，他哪裡知道「冒名頂替」這件事，阿財爸雖然沒有讀過什麼書，但是，「做人就要講道理」這句話，他是記得一清二楚的。

「你去告訴老師，我們是老實人，說一句是一句，不會做這種事，不要相片了！」

「我們老師說不行，每個人都要，沒有相片就不能報名，也不能參加考試。」

「你去跟老師講，我以人格擔保，我們種田人絕不會做這種不誠實的事，請他放心，我想老師會答應的。」

任憑我怎麼跟阿財爸解釋，他就是聽不進去。最後連阿財也加入遊說的行列，但是，阿財爸說來說去還是那句：「我們是老實人，不會做這種事。」

阿財家的環境比我家還差，阿財心裡知道，爸爸實在拿不出照相的錢，他這次考初中，爸爸也沒有完全首肯，只說了一句：「考上再說。」就憑爸爸這句話，阿財決定跟環境賭一次，但是，第一關就過不了，他不灰心，努力想辦法解決。

隔天，阿財來找我，問我可不可以替他畫一張相，他準備拿這張相去報名。

「這怎麼可以，老師不是說要到照相館去拍嗎？」

「試試看有什麼關係，我看過你幫貞貞畫過，畫得很像，所以才想請你幫忙。」

既然阿財這麼說，我當然義不容辭，說不定審查人員會通融，讓阿財報名。主意打定後，我拿出學校發的簿子，撕一張下來當相紙，再從家裡的炭灰中，找一根最細的木炭，磨成像鉛筆心般的大小，充當畫筆。我讓阿財坐在一張板凳上，左端詳右思量，然後聚精會神地爲他畫相。說也奇怪，平常我畫任何東西，三下兩下就能勾出個樣子，今天畫阿財，怎麼用心都畫不好，簿子已經被我撕了八、九張紙，沒有一張是滿意的。

阿財也不急，一直坐著等我，最後一張紙用完時，他站起來拾起地上的畫紙，看了看說：「畫得不錯啊！很像我耶！我把這些畫都帶去，讓審查人員挑一張，我想他們會讓我報名的。」阿財把畫紙捲起來，帶著無限希望走了。

報名當天，我跟阿財結伴同行，我排在他前面，沒有多久就完成報名手續。輪到阿財時，他把那一疊畫整整齊齊地放在桌上，等待審查人員過目。

我瞥了他一眼，心裡暗自祈禱：「觀世音菩薩，保佑阿財順利過關。」

「這是什麼？」辦理報名的人見到桌上突然多出這麼多畫紙，嚇了一跳，隨手翻了一下。當他發現畫上的人，好像就站在眼前，忍不住笑出聲來。其他的人聽到他的笑聲，紛紛圍了過來。結果也笑彎了腰，有一個還笑出眼淚。但是，當他接觸到阿財誠懇、渴望的眼神，立刻忍住笑聲，覺得不應該如此對待一個小孩。

「像畫得很好，但是不合規定，你拿回去，趕快去照相館拍一張，要趕快，晚了就來不及了，知道嗎？」一位年輕的小姐委婉地對阿財說。

阿財抿著嘴不發一言。回家途中，阿財告訴我，他不能跟我一起去參加考試，他不敢向爸爸要錢，家裡實在沒錢。我的心也跟著他沉到谷底，我多麼想幫他的忙，但是，實在無能無力。

結果我順利考上芎林中學，阿財失去這次機會，留在家裡幫忙，後來成了礦工。我因爲寄宿在芎林，只有放假的時間才回家，回到家還要幫忙做工，一直沒有機會去看他。

時間就這麼溜走，一晃，十幾年過去了，我當了老師，而且還是一位暢銷漫畫家，報上經常有我的連載漫畫。有一年，我回鄉過年，無意間與阿財在山間小路相遇；他一眼就看出我，但是我卻認不出是他；阿財戴了一頂壓克力帽，身著灰色上衣及打鐵褲，脖子上還繫了一條發黑的毛巾，牙齒因抽太多煙而發黃，渾身上下，都是煤屑渣。唯一讓我認出來的是他憨厚的笑容。

阿財似乎想跟我說些什麼，但又不知該說些什麼，打聲招呼後，即匆匆離去。望著他遠去的背影，我的眼淚竟不由自主地簌簌落下。我想起那年，二人一起報考初中，我替他繪製相片的往事，彷彿南柯一夢，結局竟是如此。怪蒼天有意捉弄人？還是怪環境使然？我不知道。

他鄉遇「故舊」

有一年，我在報上看到旅日多年的紅歌手翁倩玉返台，記者訪問她，離台這麼多年，最想念台灣什麼？她毫不考慮地說：「油條」，並表示這次回台，一定要吃個過癮。

我也愛吃黃澄澄、脆酥酥的油條，有一段時間，一看見油條，就會不由自主地想起那年初中畢業旅行，再度吃到油條的難忘情景。那眞是人間美味，留在我的記憶匣裡，一輩子都忘不掉。

台灣光復第二年，我十二歲，小學畢業，爸媽答應讓我去讀初中。整個小學，我沒有摸過什麼課本，直到六年級，日本戰敗，台灣光復後，我才開始學習中國字，努力讀了一年書，跟幾個同學一起去報考苙林中學。

去應考的同學中，有兩家環境不錯，由爸爸陪著坐公車去，其他的由范老師帶隊。我因爲有一個堂姊住在苪林，爸爸叫我投宿在她家，他不記得堂姊家的地址，只說堂姊夫的小名叫「阿祖」：「你到街上一問就找得到。」

吃過中飯，我挑了一擔竹筍、一擔薑，準備送給堂姊，這是鄉下人出遠門的禮物。大山背離苪林有幾十里路，走了六個小時才到達，天也暗了下來，逢人就問「阿祖」住在哪裡？結果無人知道這個名字，我後來才知道，當地人都叫他「達達啦」，沒有人叫他「阿祖」。

街上的行人愈來愈少，我還找不到落腳的地方，就在走投無路下，我突然想起爸爸曾說過，堂姊夫以前是做裁縫的，現在改賣豬肉。於是我順著街道一家家的看。終於在街尾的轉口角，看見有一家店，裡面有個櫥窗，放了一個陳舊的模特兒，走廊放置了一張賣豬肉的檯子，我心想：「準是這裡沒錯。」

堂姊見我來了，立刻幫我拿下擔子，我還是第一次看見她；堂姊夫當晚特別買了一塊豬腳給我，讓我高興了一整晚。

由范老師帶隊的考生，借住在苪林中學的宿舍。吃過晚飯後，我拿著參考書跑到宿舍找同學，大家在做最後的衝刺，也許是福至心靈，我拿著參考書，指著中間的一個題目對范老師說：「這題很重要，我看也許會考！」

范老師對別人很客氣，對環境好的人家，尤其周到，唯獨對我有成見。經常責罵我，在他的心目中，我是個既頑皮又不會讀書，將來也不會有什麼大作爲。因此，舉凡教室的玻璃破了、牆壁亂塗、女生哭了，范老師問也不問原委，就把我叫過去打一頓，邊打邊說：「我不用問就知道是你幹的！」他多半沒有打錯人。

如今看到我這個不愛讀書的人，居然還來跟他談考題，十分不滿，看也不看一眼，大聲說：「你給我滾開！不要妨礙同學讀書。你把自己顧好就行啦！」

說來令人難以置信，結果我說的那題，居然考出來了。公布放榜名單，只有我跟另外一個同村的考上。如果范老師肯接受我的意見，九個人都可以上榜。因爲當時大家的程度都差不多，沒有特別的差異，答對這一大題，就增添二十五分，可以贏許多人。

這件事還沒了，當我回母校碰到范老師，我興奮地告訴他，我考取苫林中學，他顯得很驚訝，一副：「你也考得取？」的表情，稍後，他以不屑的口吻說：「你是不是後補？」

第一學年結束後，我又碰到范老師，他仍是那種口氣：「你有沒有留級？我看你也讀不下去！」

我很氣自己，當時爲什麼不向他頂回去：「不用你操心，我當然讀得下去，而且讀得很好。」只因年齡小，不敢冒犯老師，只好忍氣吞聲地離開！

這件事對我影響很大，日後我當了老師，就嚴格要求自己，一定要全心全力地照顧學生，多多鼓勵他們。

芎林初中剛創校不久，一切因陋就簡，再加上建校經費嚴重不足，校舍又在興建，經常要學生勞動服務。一個星期有一半時間都在戶外度過；不是到河裡搬石頭，就是到工廠挑磚，要不就是幫忙拖運水泥。有一段時間，我們還自己種甘蔗，收成後賣給糖廠，換來的錢，拿來買木材、玻璃、磚瓦蓋教室。可以說，學校的一草一木，一瓦一磚，都是學生流汗換來的。

校長湯天才，眞是一個天才人物，大小事情他都要插一腳；音樂老師教不好，校長讓老師站在旁邊，看他怎麼教；遊藝會中的歌舞節目，他嫌不夠精彩，排練時，從台下跑到台上，親自示範給學生看，怎麼扭腰、怎麼擺手，一點都不彆扭，比教舞老師跳得還好。湯校長講課尤其精彩，聽他說三國，學生都捨不得下課。

初三畢業前夕，老師帶我們到台北旅行，鄉下人進城，是一件非常了不起的大事，在那個年頭，誰去過台北？因此，早在一個月前，同學們就在熱烈討論。老師帶著窮學生逛大觀園，情況可想而知。一切都要從簡，沒錢住旅館，幸虧老師與福星國小的教務主任有交情，學校免費讓我們在教室住兩晚。

台北眞是熱鬧，車子一輛接著一輛，五光十色的街景，把我們這群土包子的眼睛都看花了。每個人興奮得睡不著覺，你一言，我一語，像煮開的一鍋水，沸騰再沸騰；何況第二天還要去逛圓山動物園，叫我們怎麼捨得睡覺。

福星國小靠近中華路，整個晚上火車南來北往地隆隆駛過，我們睡的桌椅，被震得格格價響，讓我緊張得不敢闔眼，擔心趕不上火車。也不知道隔了多久，突然聽到由火車發出一陣長長的汽笛聲，嚇得我立刻坐起來。

「火車來了，火車來了，趕快起來！」我大叫一聲，全部的人都跟著我爬起來，趕緊收拾東西，排好去搭火車。

老師也爬起來了，揉揉惺忪的睡眼，看了看表，張嘴打了一個大哈欠說：「還早，還早，趕快去睡，到時候我會叫你們。」

剛剛睡下沒多久，又聽到火車聲，忍不住大叫：「火車來了！趕快起床。」同學們一陣慌亂，又跟著我爬起來。整個晚上，大家就這麼起起爬爬，喧鬧得沒辦法睡，老師快被我氣瘋了，同學也指著我罵！

好不容易挨到天亮，八點鐘，我們準時到火車站搭普通車淡水線到動物園。在這之前，沒有人逛過動物園，因此，每看見一種動物，大家就七嘴八舌地說個沒完，玩了大半天才回到福星國小。

隔天，老師帶我們到「總督府」去參觀台灣光復後的第一屆商展。總督府就是現在的總統府，日本戰敗撤退後，總督府也被搬光一空，無人使用，暫時充當商展會展，人人都可進去參觀。

商展中展出許多商品，這些東西都引不起我的興趣，我把注意力放在會場外的小吃攤。小吃攤的每樣東西不要說吃過，連看都沒有看過。每經過一攤，口水忍不住要流下來，特別是在一個賣魚丸湯的攤子前，看見客人正在吃雪白的魚丸，濃冽的香味從他嘴角不斷往外溢，簡直讓人受不了，好幾次都衝動得想去吃一碗，摸摸口袋，眞是阮囊羞澀。

逛完商展，老師又帶我們坐火車到基隆。剛出了火車站，我就看到路邊一個攤子，老闆正在鍋裡炸著一種東西，黃黃的、長長的，愈看愈眼熟，好像在哪裡見過。我不由自主順著記憶往前走。突然我想起來，讀小學三年級時，學校舉辦運動會，左鄰右舍的村民都來參加，各地的攤販也聞風趕來，圍繞在操場附近做生意。那天，我跟著阿公一起去，運動會比賽什麼，祖孫倆都沒興趣，我們都喜歡在賣吃的攤子前打轉。路過一個賣吃的攤子，阿公好奇地問：「這是什麼？可以吃嗎？」「這是油條，碗裡的是杏仁茶，好吃的不得了，要不要買一條嘗嘗？」

杏仁茶加油條的香味，把我們祖孫薰得猛吞口水，祖父掏出所有的錢，剛好夠買一碗杏仁茶和一根油條。祖孫二人一人拿碗，一人拿油條，香甜的美味，使我們不忍大口啖嚥，小心翼翼地你一口，我一口，希望永遠不要吃完！那一刻，我覺得自己眞是幸福極了，可以吃到這麼好吃的東西。

從此，「油條」就在我的心中留下深刻的印象，可惜的是，直到小學畢業，甚至讀了初中，我都沒有見過有人賣油條。想不到今天卻在異地重逢，眞有「他鄉遇故舊」的感覺，內心的喜悅可想而知。老闆見我站著不動，知道我想要買：「一條兩毛錢，要買幾條？」我很想告訴他，如果有錢，我想把所有的油條都買下來，吃個過癮。摸了半天口袋，終於掏出唯一的兩毛錢，那是此行爸爸給我的零用錢，還要我不要亂花。

我捏了又捏，最後遞給老闆，拿起一根油條，邊走邊吃，高興的整個心都要往上飛，同時發誓，將來長大賺了錢，一定要買一百根油條吃個過癮。

旅行結束後，同學迫不急待地把旅行所見所聞，一五一十地告訴家人。我卻說不上來，如果硬要我說，這次畢業旅行，最讓我難忘的是什麼？我會毫不隱瞞地說，能夠吃到想念甚久的油條，眞是再快樂不過，這的確是我的眞心話，油條的美味永遠留在我的心中。

超級大飯桶

我出生在貧寒的農家，生活條件欠佳，因此養成刻苦耐勞，凡事自己動手的習慣；再加上天生的節儉個性，從不亂花錢，許多東西都是用到不能再用，還捨不得丟棄，如今到了老年，這個習慣依然沒有改變。就拿我天天使用的的刮鬍刀來說，我從不會想買電視上，那種看起來耀眼、華麗的刮鬍刀。我的刮鬍刀都是出外旅遊，旅館送的免費品；還有就是搭飛機，機上送給旅客的紀念品，品質還可以，可以重覆使用。

最近這一把，我用了二個多月，兒子實在看不過去，買了一把造型獨特、輕巧的刮鬍刀送我，我捨不得用，放在洗臉台上。我太太並不知情，當她看到這把超炫的刮鬍刀，以爲是我女婿的，於是拿到女婿房間的洗手台。我女婿以爲是別人用過的，就把它給扔了。

有一天，我突然想起這把刮鬍刀，我太太才知道是我兒子送給我的，太太並說了一句令我玩味的話：「你一輩子都沒有用過這麼高檔的東西，我怎麼知道是你的。」

這使我想起讀初中，爸爸爲了節省開支，要我寄宿在堂姊家的一連串往事。堂姊夫以賣豬肉爲生，還兼做屠夫，三天兩頭就要殺一頭豬。自從我來寄宿後，半夜就得起床幫忙；殺豬、清理豬腸，樣樣來，全身弄得髒兮兮不說，有時還誤了上學時間，心情十分沮喪，很想搬出去，但考慮爸爸能力有限，只好忍了下來。

由於我小學的底子太差，進入莦林就讀，功課一直都不好，每天最擔心的就是留級。臨來莦林讀書前，爸爸曾警告我：「如果留級就回家種田，不然就跟堂姊夫賣豬肉，家裡供不起你讀書。」這兩種生活都是我不想要的，只好逼自己用功。

二年級開學當天，老師點名分班，沒有叫到名字的，就表示留級。我站在太陽底下聽宣判，全身緊張的直打顫，整個心都要跳出來。整個名單唸完了，也沒有聽到我的名字，這下我傻臉了，跑去問老師，他看也不看，就說：「你留級了，自己到一年級教室報到。」

我急得大哭起來，也不管同學都看著我，眼淚不斷往下淌。第一個念頭就是：「回去怎麼向阿爸交代？他不罵死我才怪！」

老師後來發現，有幾個學生的名字弄錯了，把我的名字加到留級生的行列。經過一番折騰，我可以回到二年級就讀。那眞是悲喜交加的一天，先是大哭，繼而眉開眼笑，心情也起起伏伏，一刻不得安穩。

除了擔心留級，還有一件事，同樣讓我坐立不安，就是：「吃不飽」。十三、四歲的孩子，正值發育的年齡，無時無刻不想著吃，好像永遠吃不飽。學校不像大山背，可以四處打野食，塡飽肚子。這裡除了三餐，沒有其他東西可吃，而我連飯都吃不飽，心情怎麼會好？

二年級，我要求爸爸，讓我搬到學校宿舍，這樣可以安心讀書，爸爸居然答應了。住校和搭伙食都是要繳錢的。搭伙食只要繳菜錢，米由家裡帶來，每人每天一斤米。一斤米對一般人而言，綽綽有餘，但是，對我這個從小幹粗活，食量大如牛的鄉下人來說，根本不夠吃。

在宿舍搭伙，每人只有一盒飯，菜鋪蓋在飯上，另外還有一小碗湯。老實說，這樣的飯菜我可以吃五份，才算勉強吃飽，所以，每天我都處在飢餓中，吃完飯不到兩個鐘頭，肚子就開始抗議，咕嚕咕嚕地叫個不停，擾得我心神不寧。

碰到問題我就想法子解決，這次也不例外，但是，有什麼辦法可想呢！

這可是一件不易解決的事，想來想去，終於讓我想到一條計策，就是主動擔任宿舍的盛飯工作。

宿舍離學校有半小時路程，每個住校生在上學前，先在宿舍把飯裝在自備的飯盒裡，再帶到學校。以前都是廚子幫我們把飯盛好，現在有人自告奮勇，願意承擔，他當然樂得輕鬆。

我在盛飯時，力求公平，只有盛自己的飯盒，才把公平放在一旁，盡量把飯往飯盒裡壓，把飯壓得又硬又實，直到無法再裝爲止。我的飯盒本來就比別人大又深，盛滿飯後，一個可抵別人好幾個。

我又擔心吃午飯時，被同學發現我飯盒的秘密，嘲笑我是大飯桶，裝那麼多飯。因此，我都是最後一個離開宿舍，走到半路的土地公廟時，偷偷溜進廟裡，躲在供桌下，先把飯吃掉一半，讓飯盒恢復平常狀，再去學校上課。

有一次，我正在供桌下偷吃便當，突然有人進來了，我嚇得不敢作聲，靜觀其變。稍後，聽到婦人拜拜的聲音。約莫三、四分鐘，婦人起身朝門外走去。我這才偷偷從供桌下鑽出來。桌上擺了五樣供品，不看則已，一看口水就流了下來：有一隻雞、一條魚、雞內臟、蛋餅和蘿蔔糕，都是我愛吃的東西。顧不得這是敬神的供品，我撕了一塊蛋餅就往嘴裡塞。

「好吃，眞好吃。」我好久沒有吃過這麼可口的東西，接著又掰下一塊內臟及蘿蔔糕，剛放進嘴裡，還來不及下嚥，聽到有人往廟裡走來，再度鑽進供桌下。原來婦人去外面燒完紙錢，又踅了回來。當她看見桌上供品被動過後，驚嚇得叫了一聲，接著往門外跑，邊跑邊叫：「土地公顯靈了，大家快來看，快來呀！土地公吃了我擺的供品哪！」我趁著她喊叫的當兒，趕快鑽出來，免得待會被她識破，不討頓打才怪！

隔天，當我路過土地公廟時，簡直不敢相信自己的眼睛：小小的土地廟，擠滿了一群人，每個人都拿著供品，準備來拜土地公。哇！土地公眞若有靈，應該感謝我才對，是我爲祂帶來這麼多香火。幫忙盛飯的工作，持續好長一段時間，時間久了，我也習慣這種裝飯的方式。有一段時間，爸爸實在湊不出住校錢，不得已，我又回到堂姊家去住，早上帶便當上學，我依然不忘把飯盒壓得密不透風。由於用力過猛，把飯匙折斷了，斷的那頭，正巧打到堂姊頭上，她嚇了一大跳。

「不要這麼丟人好不好？又不是逃難，幹什麼裝那麼多飯？給別人知道，不笑掉大牙才怪。家裡有的是飯，一個飯盒不夠吃，再帶一個。」

我才不要呢！帶兩個飯盒，不是明白告訴同學，我是個超級大飯桶，那才更丟人。所以仍舊帶一個飯盒上學。升上初中三年級，我長得又高又壯，飯量更是驚人，勞動服務持續進行中，一場勞動下來，兩眼餓得直冒金星，全身有氣無力。整個初中，我都處在挨餓又沒有東西可吃的狀態中，每天昏昏沉沉！

這種情況到我初中畢業，進入師範學校藝術科就讀，仍然沒有改進。以前我一直以為，吃公糧的學生，還怕吃不飽？事實上，讀師範，飯是有得吃，但是，每人每天分配一斤米（與芎林中學分到的飯量一樣）。女學生及身材瘦小的男同學，足夠吃飽了，但是，像我這種大塊頭，沒有五、六碗下肚，是談不上「飽」這個字的。

所以，每天早上第三節開始，我就餓得嘴裡直冒酸水，肚子也像打雷似的，不斷地叫喊。這種挨餓的日子實在不好受，但是，又有什麼辦法呢？

後來我發現女生的飯量較小，但是，她們飯鍋裡的飯，反而比我們男生多，女生吃不完的飯，廚子就拿去餵他的豬，實在太不像話，人都吃不飽還養豬！生氣也沒有用，廚子是不理我們這一套的。

眼看女生飯鍋吃剩的飯，一桶桶給廚子拿回家餵豬，有一天我終於忍不住了，厚著臉皮，請班上女生把吃不完的飯，送到男生這一桌。女生也很同情我們這群飯量奇大的同學，願意傾「飯」相助。體育科的男生情況更慘！他們運動量大，飯量自然也大，一堂課下來，每個人都餓得七暈八素，沒有東西吃，只好猛灌自來水。後來，他們發現藝術科的男生，有額外的飯吃，不管三七二十一，過來就跟我們搶！我們哪裡是他們的對手，心裡縱有未甘，也只好乖乖把到口的飯，讓給這群餓狼。

點子是人想出來的，沒有幾天我發現靠近學校的臥龍街，有一個「克難軍營」，裡面住了不少軍人。阿兵哥的主要工作，就是製做文宣海報，畫一些「殺豬拔毛」、「反共抗俄」、「打倒共匪」的漫畫；還有一些阿兵哥，則做表演工作，準備到各營區演出。

阿兵哥畫的漫畫實在不怎麼樣，於是我毛遂自薦，幫忙他們設計、繪圖和寫標語，交換的條件就是拿幾個大饅頭吃。對方也覺得我畫得很好，經常多給我幾個饅頭。想不到這個美夢又被體育科的男生知道了，他們不甘示弱，主動去找阿兵哥，表示願意跟他們切磋藍球，如果有多餘的饅頭，就請同學們吃饅頭。

不用說，沒有幾天，饅頭又被他們搶光了，我又得餓肚子囉！

回想求學期間，挨餓的時光佔了大部分，當時我有一個心願，就是長大賺了錢，一定要買許多好吃的東西，好好犒賞一下我的五臟六腑，不讓肚子再受半點委屈。

如今，我什麼都有了，孩子也長大成人，都有很好的職業，我該享享清福，想吃什麼就吃什麼，想買什麼就買什麼，但是，多年節儉的個性，讓我買不下手，至於好吃的東西，那更是不可能，想吃一塊鬆酥香甜的五花肉，家人就警告我：「脂肪太高，對心臟不好。」

甜點、蛋糕儘量少吃，怕罹患糖尿病；海鮮更是要少沾，避免膽固醇過高，還有高血壓、痛風……一大堆我以前沒有聽過的毛病，在我可以吃，有能力吃的時候，一個個湧了出來，嚇得我只能看，不能吃。實在忍不住，只好偷吃兩口，解解饞！

可憐我，年輕時沒東西吃，成天挨餓；中年時，爲了養家活口，捨不得吃；老年時，有吃有喝，爲了健康，還要忍受這個罪。你說，我是不是一輩子，都在跟「挨餓」打交道。

一家八口一床被

這個世界有各色各樣的人，但是，我相信每個人都希望擁有快樂、幸福、溫暖，這種願望是大家一致的。我們的祖先一定也有這種願望，相信沒有人喜歡貧窮、憂傷和苦痛。遇到困難，我們總是會想辦法解決，只是每個人想的辦法不同。

我從小就喜歡跟玩伴開玩笑，有時候還會捉狹對方一番，基本上並無惡意；碰到無法順利解決的事情，我也會想個歪點子，讓對方嘗點苦果，挫挫他的銳氣。

以前曾聽過一首詼諧的歌曲，叫「一家八口一張床」，大意是說，一家八口擠在一張床，同蓋一條棉被，到了半夜入夢鄉，東拉西扯搶棉被，打鼾的聲音響不停，十分有趣。

這首歌好像是爲我家做的，否則情況怎麼如此相像。

日治時代，生活窮困，經常吃不飽，沒有多餘的錢添購生活用品，東西都捨不得丟掉；鍋碗瓢盆破了，有專門修理的人來補，不像現在動不動就扔掉。垃圾也變成寶貝；家裡殺雞，雞毛有人來收，拿去做成雞毛撢子，鴨毛也有人要，可以製成鴨絨。牛糞更是寶貝，大家爭著搶。在田野碰到哪家的牛，不小心遺落了一堆「黃金」，不管離家多遠，也要小心翼翼地捧回家，唯恐暴殄天物。牛糞的用途可多了，晒穀子時，先將田裡的稻梗拔掉，田地整平，然後將牛糞捶成爛泥，再抹一層在地上，晒乾之後，就成了最好的晒穀場，小孩也可以在這裡騎馬打仗。在鄉下牛糞是最好的水泥。竹籃編好後，抹一層牛糞，將它晒乾，可以防漏。牛糞晒乾後，臭味全消，成了最好的燃料。

台灣光復後，貧困的生活並沒有立即改善，日子過得依然辛苦。夏天勉強撐過去，冬天就很難挨。入夜以後，家家戶戶連煤油燈都捨不得點，趁著天黑前，大人、小孩草草吃過晚飯，一家人摸黑爬上床。寒冷的冬天，最能撫慰人心的，莫過於鑽進溫暖的棉被，縮成一團，做個美麗的夢。

但是，家裡太窮，全家人只有一床棉被，八、九口擠在一起，拉過來，扯過去，每個人都叫冷，縮成一團還是冷，眞是苦不堪言。初中第二年，我搬進學校宿舍，每個住校生都有一床棉被，獨獨我沒有，九、十月還可以湊合睡，到了十一、二月，冷颼颼的寒風，凍得讓人直打寒顫，當同學擁被進入夢鄉時，我還在那裡假裝用功，藉故拖延上床時間，同時動腦筋，如何度過這漫漫長夜。我們睡的是大通鋪，同學們一個挨著一個睡，等大家都睡著了，我才躡手躡腳四處觀察，看看哪裡有空位，然後掀開棉被，偷偷跟他擠在一塊。爲了避免驚動同眠人，整個晚上，身子弓得跟隻蝦子一樣，動也不敢動，幾乎體會不到寒冬擁被的甜美。

有的同學睡眠淺，我剛掀開棉被，他就醒了，一見是我，二話不說就把我趕下床，讓我十分尷尬；有的打呼兼磨牙，整晚夢話連連，甚至兩條腿伸過來，重重地壓在我身上，讓人動彈不得。睡在他旁邊，要隨時提防，弄不好還會被踢下床。最好的是，一覺到天明，不知東方已大白。

同學對我這種「半夜摸上床」的行爲，十分反感，沒有人願意讓我跟他們擠在一塊睡，有的還說我一毛不拔，連棉被都不捨得買，說得我泫然欲淚，心裡不免責備他們太不夠情意。

「哼！既然你們都不肯讓我擠一擠，我也讓你們睡不好！」我腦筋一轉，思索著報復的方法。隔了幾天，我在宿舍旁邊，發現一個空的罐子，裡面爬滿了螞蟻，有大有小，我突然靈機一動：「誰不讓我蓋他的棉被，我就把螞蟻放在他的棉被裡！讓螞蟻整他！」

這一招果然靈驗，同學們個個被螞蟻擾得難以入眠，只有我這個從小跟螞蟻、蜜蜂打交道的鄉下小孩，不怕被蟲咬，安枕無憂地照睡不誤。大家紛紛向我求饒，不再拒人於千里之外，答應讓我同床共眠，但有一個要求：「把臭腳丫洗乾淨！」

從此我也可以擁被入眠，享受溫暖棉被的滋味。放寒假時，寢室的同學全部回家，我捨不得立刻離去，好不容易挨到晚上，我把所有的棉被全部拿出來，一、二、三、四、五……，哈！居然有二十多床，把我的眼睛都看花了。

我把棉被一床一床的疊起來，幾乎與屋頂的橫樑同高，然後心滿意足地鑽進被窩裡。這一晚，我簡直樂翻了，身上蓋了十幾床棉被，背後還睡了十幾床，全身裹在密不透風的棉被裡，要多舒服就有多舒服，我想：「日本天皇也沒有我這麼享受，此刻死了也甘心。」

考進北師，註冊單上規定除了盥洗用具外，還言明自備棉被。家裡只有一床，總不能把那床棉被扛到學校。還是媽媽聰明，她把那床有十幾斤的大棉被，送到棉被店，請老闆一分爲二，然後再做一條被單，給我做了一床「新」棉被。

從此，我也有棉被了。每晚擁被入睡時，我都覺得好滿足，好快樂，抱著棉被緊緊不放。感謝老天爺對我這麼好，讓我有這麼溫暖的窩，不用再跟同學擠一床棉被，感謝老天爺可以讓我一覺睡到天明，不用擔心挨凍，我眞是太幸福了。

阿玉勾了我的魂

人生列車駛進七十歲這個站頭，老火車頭已在那裡不住地喘著氣兒，但精神仍十分抖擻，用早年我在師範學校學來的成語，這叫做：「老而彌堅」。

往事滄桑，如夢一般。追憶遠逝的歲月，舊夢依然帶著溫馨，令人無限回味；無論是童年或是長大成人，每一段都令我流連神往。

我的戀愛經驗並不豐富，也不曲折，但提將起來，仍然充滿趣味。

我從小就不敢跟同村以外的女生講話，碰到不熟或心儀的女生，常會羞澀得說不出話來。在大山背國小就讀時，放牛校長的女兒陳秀蓉，跟我同一班；她不像我們鄉下人，粗里粗氣，成天打著赤腳、一年四季身上穿的永遠是補過補釘的衣褲。

陳秀蓉長得白白淨淨，衣服也很整潔，梳著兩條小辮，跑起來一晃一晃，非常好看。我很喜歡看到她，但不敢跟她交談。直到小學五年級，放牛校長調職，全家遷移，我仍沒有跟陳秀蓉講過一句話。

初中，我讀的是芎林中學，班上沒有幾個女生，即使天天見面，我也不敢找她們講話，彼此也不往來。女生似乎也很嫌我們，碰到面連正眼都不看一眼。中午吃便當，幾個女生圍在一起，還把便當蓋得緊緊地，深怕被男生看到。三年下來，我跟女生始終是兩條平行線。即使女老師跟我講話，我也害羞得不知如何回答。

我的物理老師是位年輕的鄭姓女老師，剛從大學畢業，非常疼愛我，記得有次身體檢查，當我脫掉上衣，鄭老師還跑過來摸摸我的上身，並對旁邊的人說：「你們看！劉興欽的皮膚又黑又亮，跟海狗的皮膚一樣。」我從小就打光背上學，每天都在外面晒太陽，皮膚黝黑的跟黑人沒有兩樣。

鄭老師的話讓我羞怯得抬不起頭來。還有一次月考，鄭老師來監考，當大家正低頭振筆直書時，她悄悄走到我的身旁，小聲地跟我說了一些話，讓我羞怯得不敢抬頭。

考試結束後，同學問我，剛才鄭老師跟我說了什麼話？我本來不想說，但被同學一直追問才據實相告：「鄭老師說，我太黑了，將來討老婆，要選一個皮膚白皙的女孩才好。」同學們一聽大聲笑道：「鄭老師的皮膚就是白白的，她不是在說自己嘛！」

鄭老師知道我會畫圖，看到我常會叫我畫張圖送給她，但是，我窮得連張畫圖紙都沒有，始終沒有送她。一年後，鄭老師離開學校，不知道去了哪裡，我再也沒有機會看見她，內心頓覺悵惘，我很想念她，因爲我還欠她一張畫。

初中二年級，我曾寄宿在學生宿舍，青一色是男生，有機會與同學生活在一起。學校離市街很近，地方上發生什麼新鮮事，大家會互相傳遞，碰到有興趣的活動就結伴前往，湊個熱鬧。

有一次，正值收割後的農閒期，芎林鄉來了一個戲班子，要在戲院連唱一個月。這件事轟動了整個鄉鎮，人人都在討論這個戲班。這也難怪，靠天吃飯的農人，經年累月忙著插秧施肥，還要種菜、養雞，日子過得十分辛勞，根本無暇休息，只有趁著秋季割完稻的時候，稍微輕鬆一下。當時沒有什麼藝文活動，看戲遂成了鄉民唯一的娛樂。

所謂看戲，就是看歌仔戲，不是閩南語的歌仔戲，而是經過改良，用客家話演唱的客家山歌，又叫「採茶戲」。芎林鄉的居民以客家人爲主，因此，不時有演唱客家山歌的野台戲在當地演出，遇到拜拜，更是要唱幾天戲，好幾里外的村民都會跑來看。這次是在戲院公演，必須買票進場。

自從歌仔戲團的宣傳車，在芎林鄉的大街小巷穿梭後，和我睡一個通鋪的同學，就不斷向室友傳播：「劇團有一個花旦，長得好漂亮，我們一起去看好不好？」

後來同學又去打聽，知道那個花旦叫阿玉，是劇團的台柱。經此宣揚後，宿舍裡的幾個同學都想去看阿玉，但是，我們沒有多餘的錢買票，怎麼辦？

考慮結果，有人想出一個妙招：「劉興欽，你畫圖畫得不錯，我們可以合買一張票，然後你再依照戲票，製造幾張，這樣我們不是都可以進場了嗎？」

「對呀！這個辦法不錯，大家都可以進場。」另一個同學接腔道。

我當然義不容辭地接下這個任務。一陣歡呼，困難解決了。

大家馬上掏出身上的零錢，湊足一張票價，由小李到戲院售票口買了一張票，然後飛奔跑回宿舍交給我。

這是一張極爲粗糙的戲票，只在普通的紙上，印上劇團及演員的名字，而且字體還有些模糊，再蓋一個圓形、藍色的章，就算戲票了。我找出紙張，裁剪出跟戲票大小一樣的尺寸，拿出筆墨，照著原戲票上面的圖案，依樣畫葫蘆。這種模仿工作，對我來說，並不是難事。不到一刻鐘，就做好四張假戲票。當晚，我們五個室友就持著四張假戲票，及一張眞戲票混進場。雖然模仿得很像，但是，收票員在點戲票，數人頭時，我的心一直怦怦跳，深怕被人識破。還好，有驚無險！

阿玉果然長得甜美漂亮，只要她一出場，台下就響起熱烈的掌聲，有的人還站起來對著她叫好，好像每個人都是衝著她來的，我也沉浸在阿玉美妙的歌聲中；看她揚眉、轉身，吟唱、淺笑的種種表情，眞是千嬌百媚，進場時的緊張，早已飛得無影無蹤。

有了第一次經驗，膽子就變大了，連著好幾個晚上，我們幾個室友一吃飽晚飯，就迫不急待地混進戲院，等戲結束，再偷偷溜回宿舍。宿舍每晚就寢前要晚點，萬一碰到校長來點名，發現我們偷溜出去看戲，那就慘啦！

我一向循規蹈矩，不做越逾校規的事，這次爲了看阿玉，也顧不得校規。老實說，劇團裡唱什麼，我們並不十分清楚，只要看到阿玉出場，大家就很高興，有好幾個晚上，我甚至還夢到阿玉，她的倩影已經深深嵌進我的腦海。

我們免費看戲的事，很快就在宿舍流傳起來，膽子大的就央求我們帶他一起去，我也來者不拒，不斷僞造假票，畫得愈多，筆法就不免零亂起來，心裡也在害怕，擔心哪一天會露出馬腳。話雖如此，手還是沒有停下來。

那天，我們共有十一個人進場，殊不知老闆已經注意我們好幾天了。他奇怪，爲什麼每天湧進這麼多學生，票房也不見增加。最後終於被他發現破綻，當場被活逮。

我們十幾個排成一列，被老闆訓誡了一番，本來他要把此事交給學校處理，經大家苦苦哀求，說校長十分嚴厲，若是知道此事，一定會將我們記大過。老闆顧慮到我們的前途，決定放同學們一馬，並警告我們不可再造假票進場，我們不斷點頭說好。

過了幾天，想看阿玉的心，又蠢蠢欲動起來。那天吃過晚飯，我和三個不死心的室友，又偷偷溜到戲院門口，想再看看阿玉迷人的風采。我們沿著戲院四周猛轉圈子，希望能發現什麼空隙，可以偷鑽進去。這家戲院相當老舊，牆壁出現好幾塊缺口，只好從裡面用帆布暫時圍堵一下。後來我們發現，戲院的牆壁沒有蓋到頂，離屋頂至少還有一、兩公尺，搬個梯子架在上面，可以看清裡面的一切。只是這個時候，到哪裡去找梯子？況且我們有好幾個人，誰先誰後說不清。心愈急，裡面唱得愈熱鬧，聽到觀眾不斷叫好聲，我們知道阿玉出場了。可憐「只聞其聲不見其影」，眞是情何以堪！就在這個緊要關頭，我想到一個主意：「我們可以把宿舍那面穿衣鏡拿來，然後吊上去，對著舞台，不是就可以看到裡面的一切嗎？」

這個主意博得大夥一致同意，於是我們馬上奔回宿舍，偷偷把走廊的穿衣鏡拿來，又找來一根長竹桿及碎布，把鏡子綁在竹竿上，四個人合力把鏡子吊在半空中，再對著舞台，果然看到朝思暮想的阿玉。正當看得津津有味時，突然有人吆喝一聲，把我們嚇了一大跳，手一鬆，鏡子從半空中掉下來，摔得粉碎！

「怎麼又是你們這些搗蛋鬼在這裡做怪！怪不得阿玉說，牆上有鏡子，刺得她眼睛都睜不開，原來是你們幾個陰魂不散！」老闆什麼時候出現的，我們竟渾然不知。

不用說，四個人又被教訓了一頓，爲了怕老闆把我們交給學校，我們主動提出每天散場後，幫忙打掃戲院，將功贖罪，才逃過一劫。可憐！至始至終都沒有跟阿玉講過一句話。阿玉也不知道，有一群情竇初開的少男，這麼著迷於她。

最倒楣的是我，就在那天晚上，校長到宿舍點名，首先發現穿衣鏡不翼而飛，接著又發現好幾個學生不在寢室。等他查明原因，知道這一切都是我帶頭做的，十分生氣，念我平常在校還守規矩，罰我掃一個月廁所。想想，這一切都是阿玉惹的禍。

初中畢業，我考取台北師範學校藝術科，全班共有三十多個學生，女生只有五人。這個時候，我開始知道用功，每天花許多時間在素描上，一心想在美術這方面闖出一點眉目，沒有多餘的時間向女生表示好感，碰到喜歡的女孩，我還是忍不住多看兩眼。

畢業那年，班上同學突然流行給心儀的女孩寫信，也許是離別在即，大家都想把心中的思慕之情，向佳人吐露，但是又擔心文筆欠佳，無法打動佳人，於是有人拜託班上作文最好的張家梅代爲執筆。

張家梅不只作文好，尤其背了許多古詩，經常加在文章裡使用，國文老師非常喜歡她，每次都在她的作文簿裡，圈了又圈，並要我們多向她學習。

班上同學暗戀的對象，大部分都是音樂科的女生，因此，張家梅並不覺得有何尷尬，有人拜託她，她也幫忙代筆，寫完後，當事人拿回去再抄一遍。

只是寫多了，也讓人心煩。有一天，張家梅終於忍不住埋怨說：「你們這些男生好煩，天天纏著我寫情書，害得我自己的功課都沒有辦法做。」她嘴裡說著埋怨的話，心裡又不忍拒絕：「這樣吧！我把信寫在黑板上，需要的可以抄下來。」

這是個好主意，於是大家趕快找紙記下來，我也拿出筆記本，抄下張家梅代擬的情書。

張家梅不愧是才女，她用一首詩做開頭：「花開花謝幾時休，不知來歲牡丹時，再相逢何處……」

「哇！好美的詩詞！」有人忍不住讚嘆起來，我也看得目瞪口呆。

接下來是：「我遇見妳，妳遇見我，我倆相逢像傳奇。雖然朝夕常相見，無奈心中有話未表明……」

我想張家梅一定讀了許多課外書，否則她怎麼寫得如此流利、動人。張家梅寫完，同學們也陸續抄完，每個人都露出滿意的神情，小心翼翼地折好，恨不得馬上送到伊人手中，訴說心中的思念。過了二、三天，音樂科的一位女同學向我們班上的女同學說：「你們藝術科的男生好奇怪，不曉得從哪裡抄來一封情書，內容完全一樣，而且全部都是寄給同樣一個人。」

這下大家傻眼了，原來我們心儀的對象，竟是同一個人，眞是「英雄所見略同」。但是，同學的心裡也很嘔！這一段可能併出火花的情感，就這麼煙消雲散了。

火車火車，男兒的天外天

二十多年前，歌手羅大佑曾寫過一首名叫「火車」的歌曲，歌詞中有這麼幾句：「火車火車，飛向一個繁華世界，一站一站，過過停停，男兒的天外天。」每次聽到這首歌，我就會不由自主地想起早年搭火車的歲月。

早年，火車代表的是一種離愁，也是一種志氣；很多人靠著它，在搖搖擺擺的車廂裡，穿山過河，到一個完全陌生的環境，去打拼，去討生活；月台上經常看到，火車已經啓動，車窗外的人，忍不住拉著車裡的人，跟著火車跑，邊跑邊哭。走過悲歡離合的人，對火車多少會留下一分難以磨滅的情感，一經攪動，多少往事汨汨而流。

在我北上求學的時光中，火車是我與故鄉連繫最重要的交通工具。說來慚愧得很，每次坐火車，內心總是忐忑不安，擔心會被查票員查到，趕我下車。因爲我沒有錢買車票，只好厚著臉皮坐霸王車，碰到查票員，就跟他玩捉迷藏，設法躲著他。

一九五〇年，我自芎林中學畢業，再一次面對升學或回家種田這兩項選擇。爸爸從朋友口中，得知我很會畫圖，朝這方面發展，將來一定有前途。但是，他無力栽培，只好跟兒子實說，如果要升學，他沒有錢供應，一切要靠自己。我很清楚家裡的狀況，不忍心讓爸爸爲我操勞。只能選擇不要繳學費，包吃包住，畢業後還有工作的師範學校。

事實上，這也是鄉下窮孩子唯一的一條出路。能夠當上老師的人家，父母都覺得無比光彩，在親友面前也可揚眉吐氣。初中三年，大部分時間都在學校從事勞動服務，上課有限，學期結束時，不少課程只教到一半，想要繼續升學，必須靠自己努力。當時，台灣只有台北、新竹、台南、高雄、花蓮幾個地方有師範學校，台北師範位居首都，招收名額有限，門檻極高。

我知道自己的實力無法與別人相較，報考台北師範，冒險的成分居多，但是，路是人走出來的，再說：「臨陣磨槍，不亮也光。」說不定我這把臨時磨的槍，不只光亮且銳利。既然決心吃公糧，就要努力用功，不要三心二意，自己嚇自己。

考前一個月，我的學長劉世聲帶來幾張何耀宗、何肇基兄弟的素描，他們都在台北師範學校藝術科就讀，劉跟他們兄弟是同一個鄉的人，平時常有來往。他知道我想報考台北師範藝術科，特別告訴我，考師範學校素描就是畫這些東西。

我的眼睛爲之一亮，大叫一聲：「唉呀！這個我會。」於是我朝著這個方向，不斷拼命練習，愈畫愈得心應手。爲了測試自己的實力，我把自己的素描與其他人的混在一起，讓大姊評選，那一張畫得最好？

結果大姊認爲，我那張畫得最好。

除了勤練素描，我還買了幾本升學指南，每天讀到夜裡三點，把每一科都唸得滾瓜爛熟，而且能倒背如流；甚至連數學、作文我也可以一字不差的背下來，連口試題，我也照背不誤。

考試前兩天，我告訴爸爸，我要來台北考師範學校，他問我要考幾天？我答三天。他又問我：「那車費多少？」

「二十七塊。」

他就給我二十七塊。爸爸從未出過遠門，也沒有離家在外的經驗，他沒有想到，我這三天住在哪裡？吃什麼？用什麼？爸爸認爲，台北跟在鄉下沒有什麼差別，大門都不用鎖，隨便到哪一家都有得吃。至於睡覺更是方便，往哪一躺都能睡。

我跟班上的劉瑞光、劉邦全結伴北上考試，他們也是窮哈哈，身上沒有多少錢。

三人從芎林步行兩小時到竹東火車站（芎林沒有火車），途中彼此講好，花五毛錢，買張竹東到竹中的車票（只有一站），從最後一節車廂上車，坐到新竹站下車，不出車站，然後再從新竹換車坐到台北。這樣我們就能把車錢省下來。

我們會採用這個方法，也是聽同鄉有經驗的人提起，同鄉還告訴我們，驗票員都是從後面查起，看到驗票員查票，就往前走，千萬不要慌：「通常驗票員驗完一個半車廂，火車就到站了，趕快跳下來，再爬上已經驗過票的車廂。」

就這樣，三人「平安」坐到台北。火車抵站後，我們還不敢冒然出站，擔心在出口處被抓，又搭上另一班淡水線的普通車，坐到管理站簡陋的圓山站，才敢溜下來，走路到台北師範。第一步，先去看考場，再按著學長告訴我們的地址，找到他在台北當警察的哥哥朱勝裕家。朱大哥對我們突然造訪，顯得措手不及，當時他剛結婚，住在三條通，一間十坪大小的房子。我們告訴他，來台北考試，希望能在他家暫住兩、三天。

朱大哥一臉的歉然，坦言家裡太小，怕容不下我們。我們也無路可走，只好請求他讓我們睡地板就成了。

朱大哥一見如此，答應讓我們在客廳打地鋪。但是，客廳太小，只能容納一人，朱大哥臨時去敲隔壁兩家的門，拜託鄰居讓我們住一晚。第二天早上五點，我們就起床趕路，朱嫂子還特別爲我們準備好早點。三條通到北師有一段距離，爲了省錢，我們走了兩小時才到達考場、全身濕淋淋的進去考試。

中午休息時，三人擠在北師門前的流動攤販前，左看右望，想找一樣省錢又好吃的東西當午餐。走到一個小攤子前，看見有人在吃麵，碗裡有塊肉，還有一些綠豆芽，味道眞香，把我們的口水都引出來了（後來我才知道這叫切仔麵），但是價錢不便宜，我們的錢又少得可憐，討論半天，最後決定買個饅頭充飢。

切仔麵的香味實在太迷人了，當下我們決定：如果考取了，就去吃一碗切仔麵，替自己慶賀一下。

三天後，榜單貼出來了，我考中藝術科，劉瑞光考中體育科，接下來還有口試，時間是半個月後。我跟劉瑞光商量，先不用急著吃麵，這筆錢等著口試再用。半個月後，我們又如法泡製，坐了一次免費火車，同樣住在朱大哥家中。

口試的題目很簡單，主考人員問我：「爲什麼要考師範學校？」

我照著參考書上面提示的，先立正站好，然後從容不迫地說；「第一，因爲我對教育工作充滿熱忱，兒童是國家未來的主人翁，如果能夠爲他們打下良好的基礎，將來我們國家一定強盛，第二，我出身在貧窮家庭……」我像背書一樣，把書上的答案，一字不差的說出來。

主考官揮了揮手，笑著說；「你背得滿好的。」我也覺得自己背得不錯，贏得主考員的好感。

通過口試，我正式成爲台北師範學校藝術科的學生，爸媽得知後，高興得帶我到廟裡向菩薩致謝。多年來，他們對老師始終懷著崇高的敬意，希望有一天，孩子能夠爲人師表，光宗耀祖，想不到美夢竟然成眞，怎不欣喜若狂！

讓我歉疚的是，我沒有立刻向朱大哥致謝。後來，我曾循線找到他的住處，但是已經人去樓空，無從問起。多年來，這個遺憾，始終在我心裡打轉。這份人情我一直銘記在心。

坐免費車並不是每次都能平安無事。有一次，我跟班上兩個同學回家，他們也沒有多餘的錢，聽到我逃票的經驗，打算跟我一起坐免費火車。沒有想到火車啓動不久，查票員就發現我們三個神色可疑，停止查票，緊跟著我們不放。火車停站時，查票員跟著我們下車，結果在月台上把我們逮個正著。

我的同學只好湊出錢來補票，我是一毛錢也沒有，情急之下，只好扯開喉嚨，放聲大哭：「我是個窮學生，沒有錢！眞的沒有錢！嗚……」也許是我的哭聲，打動了查票員，他沒有逼我補票，揮手叫我離去，下次不可以再逃票！感謝他放我一馬。從那時候起，我不敢再坐免費車，擔心又被抓到。除了放寒暑假，平常我很少回去，坐火車的機會也逐漸減少，直到畢業，踏入社會工作，才又開始在火車站穿梭。

「火車火車，行到佗位去，搖搖擺擺，故鄉的田邊。」羅大佑的歌聲在耳邊迴盪，讓我憶起求學時代，坐火車的許多往事。感謝這時慢時快、過過停停的火車，載我飛向一個繁華似錦的都市，不但開拓我的視野，也豐富了我的生命。

感謝恩師孫立群

進入台北師範就讀，是我這一生最快樂的時光。學校雖然採用軍事管理，但嚴而不苛。同學們全部住校，大家的條件都差不多，沒有誰貧誰富這個問題，我心中存有的自卑感，在這裡漸漸解除下來。再加上不用幫忙做事，學校的勞動服務也不多，自己的時間充裕起來，可以跟同學切磋功課，享受學習的樂趣。

我初中的基礎打得並不穩固，因此，一年級的功課平平，沒有特殊表現，但是，我在這裡碰到一位影響我深遠的孫立群老師。孫老師是我的導師，同時也是我們的素描老師，我受他的教誨甚多，這一輩子都感激他。

孫老師管教相當嚴格，碰到不用功的學生，劈頭就罵，而且罵得很兇，不給你留一點面子，同學都很怕他，上他的課大家都不敢馬虎。有的同學嘴裡不敢說，背地裡都批評他太嚴格，動不動就罵人，太不通情理：「出了學校就要把他忘掉！」有人甚至說出這樣的氣話！

說來令人難以置信，孫老師對我們這麼嚴格，但是畢業後，同學們最難忘的居然是他，不管什麼時候，只要有同學會，大家第一個提到的就是孫老師，每個同學都懷念他，懷念他教誨我們的日子。記得有一年校慶，班上的徐麒麟參加田徑比賽，居然打敗群雄，得到冠軍。當年，徐麒麟以第一名的成績考取藝術科，受到師長的關注；他不僅有美術細胞，體育項目也表現得很突出，體育科一直想把他拉過去，可惜沒有成功，主要是他比較喜歡美術。

當我們興致勃勃地跑去告訴孫老師，徐麒麟得了第一，想給老師一個驚喜，未料，老師非但沒有稱許他，反而訓了他一頓。

「有時間不好好習畫，成天盪在操場！」老師並撂下一句話：「不想唸藝術，趁早轉科！免得浪費時間！」我們都不敢吭聲，偷偷從後門溜了出去。

我也有被孫老師罵的時候，那是素描課，同學們拿著素描作品，排著隊讓老師講評，在我前面是一位女同學，名叫張家梅，她不但畫得好，作文成績更是全校有名，有「才女」之稱。孫老師看了她的作品，頻頻點頭，大大誇獎了她一番。輪到我時，原本坐著的孫老師突然站了起來，用手指著我的頭大罵：「劉興欽！你畫的是什麼東西！根本沒有個樣子，你到底有沒有用心？拿回去重畫！」

在這麼多同學面前挨罵，讓我無地自容，眼淚差點掉下來，當時眞恨不得有個地洞讓我鑽進去！受了這次打擊，我決心奮發圖強，一定要比別人更努力，不能讓同學看笑話。於是每天吃完中飯，利用同學午休的時間，獨自到美術教室畫素描，天天如此。一個學期下來，總共畫了一百多張。

學期結束前，孫老師當著全班同學的面說，他自從當老師以來，從來沒有碰到一個像劉興欽這麼用功、這麼自動自發的學生，實在了不起，他很受感動。孫老師還自掏腰包，買了水彩、鉛筆一些美術用品獎賞我。從那時開始，我的成績開始大幅往前邁進，最後以第一名的成績畢業。可以說，如果不是孫老師的惕勵，我不可能有這麼大的進步。

在日常生活上，孫老師也很照顧我，每次師母煮了什麼好菜，他都會叫我到他家吃飯，知道我飯量大，總是叫我多吃點，不要拘束。師母也不嫌棄我，一家人對我都很友善。對一個生長在窮鄉僻壤的鄉下孩子，這分濃情讓我刻骨銘心，永誌不忘。

從畢業到踏入社會工作，我始終跟孫老師保持聯繫，把他當做我的父親看待，經常跑去看他，逢年過節，更是帶著大包小包的禮物到老師家問候，直到他過世爲止。

我們的國文老師也很棒，名叫譚木蘭，二十出頭，身材嬌小，未婚，班上每一個男生都比她高，一度她還畏懼我們的身高，不敢走下講台。漸漸地，才與同學打成一片。

當時，作文都是用毛筆撰寫，我只有一隻大楷毛筆，沒錢添購小楷毛筆，每次作文，寫的字都超出格子外，十分難看。譚老師知道後，特別買了一隻小楷筆送我，這分情意一直深藏在我心頭，久久不忘。

譚老師像隔壁的大姊姊一樣，呵護我們，每個人的成績單，她都保存得好好的，一張也捨不得丟。她也記得我們每一個人的名字，每次舉辦同學會，她都一一叫名，聲音跟早年一樣，既熟悉又親切。就讀師範那三年，我從未擁有零用錢，星期假日大部分都留在學校。只有同鄉的劉英豪來找我，我才會出去。劉英豪跟我家有親戚關係，就讀泰北中學，利用假日賣電影黃牛票，要我幫他排隊買票。

當時劉英豪的爸爸替一位國民黨政要開車，家裡環境比我家好。我最喜歡去他們位在西門町的家，早餐可以吃到塗滿奶油的烤麵包，還有豬肝煮稀飯，味道眞是棒極了。

劉英豪兜售的黃牛票，每次均能順利脫手，但也有例外。有一次，電影開演了，他還有一張票沒有賣出去，最後他把票送給我，算是謝謝我經常幫他排隊。那是我生平第一次看電影，是部美國片，片名叫「霸王妖姬」，內容十分精彩，直到散場我還捨不得離去。

第二次看電影，是班上同學曾茂煌請客，也是一部美國片，片名叫「泰山」，看完後，我一直追問同學：「泰山喝了不死的泉水，一定不會死，他現在在哪裡？」同學聽了哈哈大笑：「你眞是個土包子，那是電影。又不是眞的。」我「哦！」了一聲，不敢再繼續搭腔，心中對電影充滿了期待，希望有機會還能再看，但是，實在太窮，沒有錢進電影院。

師範學校的學生必須住校，只有寒暑假才能返家。別的同學放假可以回家休息，我卻不行。自我北上求學，家裡少了個幫手，爸媽的工作量增加許多，如今放假回來，當然要幫忙。早上，天一亮就起床，忙到太陽下山才停止。還要抽空讀書、寫作業。學校規定的作業眞多，單是大小楷，每天都要各寫一頁，比在學校還忙。

這次回家，我得知么妹到豐鄉國小（原大山背國小）當校工，工作很吃重，要挑水、煮飯，還要打掃環境，鍋前忙到鍋後。學校離住家有兩個小時的路程，通常她五點就要起床，然後趕到學校工作。家裡窮得連個鬧鐘都沒有，無法掌握時間，每天只能憑感覺起床。

有一天，碰到陰曆十五，月亮又圓又亮，她半夜醒來，朝窗外探了探，以爲天快亮了，匆匆忙忙趕著去學校。走到半路才發覺不對勁：「天怎麼老是不亮？」這才慌慌張張趕回來，不小心跌到山溝裡，閃了腰，還得撐著病痛工作。

我聽到這件事，心裡好難過，向親戚借了一點錢，給么妹買了一個鬧鐘。

暑假結束前一天，班上一位住在竹東的同學跑來找我，原來他的大小楷還沒動筆，擔心返校會被處分，要我想個辦法。在師範讀書時，我依然以出點子聞名，班上同學碰到什麼難題，都會找我動腦筋。

我想了想問他：「你去年的暑假書法簿還在不在？」

「在呀！」

「趕快拿出來，我看有沒有辦法補救？」

同學立刻跑回家，從書架上翻出去年暑假交的書法簿。

我翻了翻內頁說：「就交這本吧！」

「這怎麼可以，你看，這上面還有去年教務處蓋的章，萬一被抓到，我就慘啦！」

「不會啦！我幫你想個辦法。」說著我劃了一根火柴，將首頁燒了一個洞，剛好把教務處蓋的章燒掉。

「喂！劉興欽，你在幹什麼！你不是要幫我嗎？怎麼把書法簿燒掉！」

「不要急，我是在幫你呀！」說著，我又在書法簿上，抹了一點煤油看起來油膩膩的：「如果老師問起，你就說，我在寫毛筆字時，不小心把煤油燈撞倒了，簿子燒了起來，還好撲得快，不然房子都會被燒掉！」

這一招果然靈驗，同學順利過關。但是，事後想想，這種歪點子還是少出為妙，夜路走多了，難免碰到鬼，萬一被老師識破，難保不會被處罰，我好不容易考取師範學校，還是循規蹈矩的好。從此，我不再幫人出壞點子，心裡想的都是好點子。

畢業前，學校舉行一次環島觀摩教學活動，全省各師範學校同時舉行。我們從台北出發、到台中、台南，最後一站到花蓮，住在花蓮師範。到達花蓮，正好碰上颱風，花蓮和台北之間的蘇花公路，被颱得支離破碎，交通也告中斷，估計要一個星期才能恢復通車。

我們一百多個學生困在花蓮師範，動彈不得，最糟的是，花蓮師範的存糧只剩三天，也就是說，三天後，我們就要挨餓了。這下慘了！老師及學生個個急得如熱鍋上的螞蟻。平時我就以點子多聞名，在這個節骨眼上，我居然想不出辦法，心裡也免不了一陣慌亂，愈急愈想不出來。就在大家垂頭喪氣的時候，我突然想到一個好辦法，迫不急待地告訴領隊。

「我們學校人才濟濟，美術、音樂、話劇什麼活動都能辦；花蓮地處偏僻，平時也難得有什麼文化活動，我們可以幫花蓮辦一場藝文活動，來交換糧食。」我一口氣把自己想的辦法說出來。

領隊一聽，這個辦法不錯，於是馬上去向花蓮縣長報告。縣長也覺得這個辦法很好，可以嘉惠地方民眾。於是我們立刻展開行動；藝術科設計「反共美展」，音樂科表演一場音樂會，普通科排練一齣話劇。兩天後，一場盛大的藝文活動，在花蓮縣政府禮堂演出，吸引當地許多民眾參與，場面相當熱絡，縣長也很滿意。

活動結束，縣長送給我們白米，同時請學生吃飯，飯桌上，他不斷拱手向我們致謝，直說演出太精彩了。我們也謝謝縣長願意接受我們的意見，解決了我們的民生問題。當縣長得知這是我想的點子，立刻伸出大姆指誇耀我一番。直到今天，我仍然覺得十分光彩。

環島觀摩教學結束後，我們也即將畢業，最後一關是到國小實習。有幾天，我被分到陽明國小實習。陽明國小位在陽明山上，從北師到陽明國小有二十公里，同學們大部分都坐車，只有我和六個沒有錢坐車的同學走路去。

五十年前，公車是一項高級的交通工具，並不是每個人都坐得起；當時每張公車票索價二毛，看起來好像很便宜，但當時米一斤價也不過二毛錢，豬肉一斤五、六毛。當時會開車的人不多，特別是大型車輛，因此，公車司機的待遇比一般人都要高出甚多，被列爲「上流社會」人士。

我們清晨五點出發，八點鐘趕上學校升旗，全身幾乎濕透；下午五點放學再走回北師。陽明國小不管午飯，一切自備。而我們一早出門，無法趕上學校供應的早、午餐，只好拜託坐車的同學，用芋頭葉包著一點東西帶給我們，中午隨便找個地方吃起來，眞是刻苦。三年時間，就這麼一幌就過去了，現在回過頭來，檢視當時的日子，還聽得到我歡呼的聲音，是的，那是我此生最快樂的一段時光，無憂無慮，一心只想讀好書，將來做個好老師。

首部漫畫即揚名

一九五二年，我以第一名的成績自台北師範畢業，被分發到台北市永樂國小任教。班上只有一、二名分發至台北，其餘都在中南部。當我把這個消息告訴爸爸時，他沒有露出喜悅的神情，反而問我：「第一名有幾個？」以前寒暑假，我自學校返家，爸爸見我的第一句話就說：「你有沒有留級？」我總是告訴他，我很用功，不會留級，請他放心。眞的，我的確很用功，除了替同鄉代買黃牛票外出，北師三年幾乎沒有離開學校，逛街、郊遊要花錢，不適合我參加。假日我都留在學校，不是作畫就是溫習功課。三年讀下來，我對台北的街道還是很陌生，十足的鄉下人。

永樂國小位在延平北路大稻埕，是一所十分保守的學校，學生來自迪化街及延平北路一帶，全校從校長到老師，地域觀念很重，對外地人十分排斥，尤其是對外省人及客家人，要想融入他們的圈子，不是一件容易的事。

我和來自大陸的陳文獅老師，都是沒有背景的人，所受的待遇要比本地人差。陳文獅初期教作文、地理，幾年後才做了級任老師。當時學校連我有四位美術老師，其他三位都想教級任不願教美術，因爲做級任可賺補習費。爲了教級任，三個老師想盡辦法向上面打點，只有我不去送紅包，事實上，我也沒有能力送紅包。

在升學主義掛帥下，美術無人重視，讀不讀都沒關係，這對一個剛出校門，一心想做個好老師的我來說，的確是一項嚴重的打擊，讓我傷心好長一段時間。

也許是同病相憐，再加上個性相同，我與陳文獅都不喜歡逢迎拍馬屁，校長生病住院，全校老師排著隊，提著水果絡繹不絕地去探望，只有我們倆個沒有任何表示。

倒是替我們燒水倒茶的校工老陳生病了，我們帶著禮盒一起去看他，老陳感動得從被窩裡爬起來，哭得涕淚縱橫，握著我們的手不放。等他病好了，堅持要替我們這兩個單身漢燒飯。

老陳是四川人，燒得一手好菜，他常說：「什麼都煩，就是弄菜不煩。」因此，不管買多買少，老陳每天都要逛市場，只要看他提著菜籃，那就是他最快樂的時候。買好菜，忙著切切洗洗，邊做邊唱，一副怡然自得，不知愁苦是什麼的模樣。

我曾問老陳，爲什麼他燒的菜這麼好吃？

老陳用他那濃濃的四川腔告訴我：「燒菜有兩個秘方，油多、火大，清水都會變雞湯。」他是一個感情十分執著的人，學校的老師看見他替我們燒飯，也希望搭上這個便車，但是老陳就是不願意，不論對方出多少錢他都沒有點頭，對我和陳文獅卻是百般照顧。

日後我們各自成家，逢年過節老陳還主動來爲我們燒菜，小孩子都喜歡吃他煮的菜，每次聽到這種讚美聲，老陳就笑得闔不攏嘴，也爲自己的手藝驕傲。

在永樂執教，吃有老陳照顧，住卻是個大問題，學校沒有宿舍，爲了省錢，晚上只好睡在辦公桌上，好幾次從桌上滾下來，揉揉眼再爬上去睡。白天把棉被捲成一團，塞在桌下，免得被人說閒話。

即使我小心翼翼，仍不時遭到校長指責，什麼工作都派給我做，連粉刷走廊牆壁、畫運動場跑道的田徑線、製作圖表也推給我。新學期開始，還派我到台灣書局，領取全校師生的課本，我的算術又不精，時常發生錯誤，常被指責，心理負擔很重。

校長經常掛在嘴上的一句話就是：「你年輕，身體又壯，應該多做一點事，對你只有好沒有壞！」

初進永樂不久，爸爸罹患肺病，那是他長年待在煤礦工作的後遺症，需要龐大的醫藥費治病，哥哥又去當兵，家中無人賺錢，大嫂及兩個侄兒也需要照顧。我當老師每個月領三百八十元，一毛錢都不敢亂花，全數寄回家中，仍然不夠用。於是我想辦法找個外快，貼補家用，第一個就是應徵家教。家長一看我是藝術科畢業的，立刻說不合適，連試教都免了。應徵畫廣告，也只能當個免費學徒，一文錢也沒有。

後來，我想到師範學校教我圖案的一位老師，以前我曾看過他爲布料廠設計的圖案，社會關係不錯，我想請他幫忙，解決燃眉之急。想找老師幫忙，手上總得提個禮物才好說話。當時正值中秋節，接著又是教師節，市政府爲了向老師致意，送給每位老師一盒月餅。我沒有錢買禮物，剛好這盒月餅幫了我這個忙。

我滿心期待地提著月餅去拜訪老師，豈知我剛進入他家客廳，老師看了我送的禮物一眼，沒說幾句話，就回到工作桌畫他的圖沒有理我，我在他客廳一直枯坐了許久，只好向老師道別，老師連站都沒有站起來。九月的秋老虎曬得人發暈，我卻覺得全身發冷。眞是走投無路啊！每天只能吃饅頭配白開水，鞋子穿破底也無錢更換一雙。

就在我不知所措時，無意間在一本書裡，看到德國大文豪歌德說的一段話：「若沒有體驗過啃著麵包和著眼淚的境遇，是難以體會人生的滋味。」

像觸電般，我的心頭爲之一振，眼淚差點奪眶而出：「這不是我的境遇嗎？」眞高興歌德寫出如此振奮人心的話，讓四處碰壁的我，仍然保有一顆向上的心，不懼怕、不氣餒，一直往前走。

終於我的運氣來了。

那是一九五四年，坊間流行一種巴掌大小的連環漫畫，一般人叫它「小人書」，多半是香港印製，再運來台灣銷售。內容大部分是描寫神仙鬼怪，深山求仙。

當時台灣沒有其他兒童讀物，小朋友都租這種漫畫來看。誰也沒有料到，有些小朋友居然走火入魔，以爲漫畫中的神仙法術都是眞的，結果也不去上學，一個人偷偷拎著一個小包袱，要到山裡找神仙拜師學藝。結果發生山難事件，報紙三天兩頭就有這類新聞出現。我也注意到此事，心想：老師和家長叫小朋友看課本，小朋友都不見得聽，卻捨得把口袋裡吃零食的錢拿去租連環漫畫，可見連環漫畫有很大的吸引力。

小學生上山求仙的事件愈來愈嚴重，教育局下令各小學重視這個問題，禁止學生看連環圖畫。這個公文傳到永樂國小，校長把我找了去，問我有什麼辦法，可以阻止小朋友沉迷在連環漫畫上。以前校長從不重視我，如今卻要我想個對策。我知道這是自己表現的機會，立刻向校長報告：「我有個好辦法，可以讓小朋友不再流連環漫畫。」

「什麼好辦法？說來我聽聽。」

「我用的這個辦法叫『以毒攻毒』，就是畫一本教小朋友不要看連環漫畫。」

「你從哪裡想來的怪點子，有用嗎？」校長露出不以爲然的神情：「千萬不要害我挨罵。」

「校長儘管放心，絕對不會。」我信心十足地說。回去後，我立刻畫了一本共計十六頁，每頁有六幅圖，書名叫「尋仙記」的連環漫畫。沒有想到，推出後大爲暢銷，書商給了我二千元的酬勞，比我的薪水高出五倍，一夜之間我成爲漫畫家。消息傳開後，坊間出版社紛紛跑到學校向我邀稿，每天都有人堵在教室外面等我，嚇得我不敢出門。

之後，一位同樣是畫漫畫的朋友向我鼓吹，說他認識很多書店，我的作品交給他去處理，一定會賣到很好的價錢。我不疑有他，前後交給他十幾本漫畫創作，結果他拿到錢後，溜到花蓮躲了起來　直到十年後才回來。這個時候我已經自己開出版社，對他騙我一事，不想提起，因爲人總有遇困的時候，只希望他重新開始。同時把一些過期漫畫讓他賣，再給他一次機會，想不到他舊習難改，一去又避不見面，可惜！

坦白說，當時我對這位騙我的朋友，不是很在意，主要是我一心想朝報紙發展，不在乎他欠我那點錢。當年要想登上報紙畫漫畫，不是一件容易的事。五〇年代，台灣新生報是第一大報，王小癡的「三叔公」就在該報連載，中央日報由梁中銘、梁又銘兄弟執筆，之後又加上牛哥的「牛伯伯打游擊」，另外，聯合報、民族晚報、大華晚報也多爲牛哥包辦，其餘的徵信新聞報（後改名爲中國時報）、中華日報等也都是由大陸來台的漫畫家包辦漫畫，本省漫畫家根本插不進去。

分析其中的因素，有幾個原因，第一、此地漫畫家的文學基礎及人事背景較差。台灣被日本統治五十年，直到光復後台灣同胞才開始學習漢文，語文表達能力不如外省人，至於人事背景就不是三言兩語可以說盡。

但是，天無絕人之路，擠不上報紙，台灣文人另外開出一條路，出版雜誌，當年比較出名的雜誌有：「學友」、「東方少年」、「漫畫週刊」、「模範少年」、「新學友」等，其中以漫畫類銷路最好。

就在此時，我放棄畫單行本，改向雜誌投稿，先由「學友」開始，接著是「新朋友」、「模範少年」，之後再向教育廳出版的「小學生畫刊」投稿；我以學校的常規訓練爲內容，創作了「小青」這個人物，藉著她描繪學校上下課的有趣事情，每月出版一次。透過省政府的強大發行網，全省各小學均可看到。「小青」這個人物成了小朋友的最熟悉的漫畫人物之一。

「小學生畫刊」的稿費相當優渥，比我每個月的薪水還要高出一倍，但是，我一直不敢去領稿費，擔心編輯見到我這幅土裡土氣的模樣，留下不佳的印象，取消用我的稿子。

另一方面，我又很虛榮地拿出稿費單四處宣揚；「你看，這是我的稿費單，有好幾千塊呢！」

大約半年後，在編輯多次催促下，我才勉強到重慶南路的「台灣書店」領取稿費，編輯一見到我，生氣地說；「請了多少次，你都不肯來，架子還眞大，我的抽屜光擺你的稿費就夠了，每天提心吊膽，萬一遺失了，你叫我拿什麼去賠！」

我再三向他賠罪，希望他不要介意，編輯把一大疊鈔票交給我，哇！

我從來沒有看過這麼多鈔票，總共有五千元！是我當老師一年薪水的總和。不只是「小學生週刊」的稿費高，台灣新生報、中央日報、中華日報的稿費也很高。我也沒有急著去領，主要是我忙著畫畫，沒有多餘的時間去領稿費。

對我而言，稿費多少，並無多大關係，我就是喜歡畫，喜歡讀者看到我的漫畫，開懷大笑，我就很滿意了，即使讓我日以繼夜地畫漫畫，我也不會疲倦，更不會厭倦。

我作畫有一個習慣，不喜歡事前接受對方預付稿費給我，尤其是在我的漫畫受到讀者歡迎後，不少雜誌社都是拿著現金向我約稿，我一概拒絕，因爲那樣對我會造成很大的壓力，彷彿有人在背後不斷追趕著我，把我的靈感、創意全部逼跑了。但是，我也不會讓編輯爲難，通常我都是把一個月的稿量放在編輯那裡，讓他沒有後顧之憂。

所以，我從不趕稿，對於一些喜歡必須等到截稿前，才能畫出東西來的人，我也百思不得其解，一個人在那種緊張的情況下，還會有好日子過嗎？我覺得要完成工作，一定要有好的心情。也因爲不趕稿，星期假日照樣從事自己愛做的戶外運動，像登山、游泳、潛水、釣魚，每年寒暑假還參加救國團舉辦的活動，日子過得愜意極了。

當年我領了生平第一筆大錢後，立刻去買了一雙新皮鞋、皮夾，還做了一件襯衫及長褲，全部煥然一新，免得被同事嘲笑，老是穿那一身，自己賺錢花用的感覺眞好。

「理髮記」脫穎而出

這些年來，經常有記者問我，爲什麼我的漫畫可以受到這麼多讀者的喜愛，甚至父母還會買給子女看？我想，最重要的一點，就是我把握住自己與生俱來的本質、特性，再照著原有的樣子加以發揮，成爲個人獨特的風格。

我不敢說自己有多大才能，但是，無論畫漫畫，或是做發明，我都是做自己喜歡的事，畫自己熟悉的事，而且我也受了很多人的幫助，他們教導我、鼓勵我，讓我對自己更有信心。想到這點，我就對一切的人、事、物產生無比的感謝及歡喜之心，如果不是他們的從旁幫助，我根本走不到今天的局面，更不要說有任何成就。

一九五五年，我參加由中央日報主辦，畫家梁又銘、梁中銘負責甄選的「第一屆反共美展」，我一共寄了兩張畫作參加；第一張題目是「理髮記」，內容是畫一個匪幹（當年我們稱中共都用『匪』字）到理髮部理髮，理髮師窮得連條圍巾都沒有，只好把自己的外褲拿來充當圍巾。幹部很不高興，要他換條乾淨點的布來，理髮師一臉無助，歉然地說：「對不起，我全部家當只剩這條褲子。」

第二張我畫的是毛澤東意氣風發地在舞獅，旁邊站著一大群觀賞的老百姓，個個瘦得皮包骨，餓得站不起來。

結果「理髮記」入選了，還得了第一名，但是梁氏兄弟的學生都不太服氣，建議老師把我拉下來，梁中銘奇怪，爲什麼要拉下來？他的學生回答：「台灣不可能有這麼好的漫畫家，一定是抄襲的！」

梁中銘又問：「你們說是抄襲的，有什麼證據？拿過來我看看，不能隨便誣賴別人。」反對者啞口無言，他們根本提不出證據，只是猜想而已。

「既然沒有證據，就不能憑口說人家是抄襲的，說話要負責任的。我覺得這幅畫構圖很好，簡單明瞭，而且幽默感十足，得第一名是理所當然。」

隔了幾天，作家柏楊在報上寫了一篇讚揚這幅漫畫的文章，我看了更加對自己的作品充滿信心，但是我一直不敢把這份喜悅表達出來，擔心別人嘲弄我，做任何事情還是低調得很。

美展結束後，中央日報社長馬星野邀請所有參展畫家會餐，時間是晚上。我騎了一輛破腳踏車準備赴約，結果在路上被警察以沒有掛燈攔下，要罰錢（早年腳踏車夜晚要裝燈才能騎）。我告訴他身上沒有錢，而且我現在要去參加一個很重要的晚宴，是中央日報社長馬星野請吃飯，請他放我一馬。

對方一聽是馬星野請客，立刻說：「馬社長我知道，那你趕快去，不要遲到，以後晚上騎車出來，記得裝車燈。」

我懷著欣喜的心情騎著車子，趕到餐廳。在門口簽名簿上簽下自己的名字，剛好梁中銘也到了，我不認識他，當他看到我簽的名字說：「你就是劉興欽？你那張『理髮記』是從哪裡抄來的？」

「是我自己想的，不是抄別人的。」我不曉得此人爲何如此問我。

「好，你今天就坐在我的旁邊，待會我要鄭重地向大家介紹你。」

等入了席，我才知道他是大名頂頂的畫家梁中銘先生，他讓一個名不見經傳的小子坐在身邊，且鄭重其事地向大家介紹，說我能夠想出這麼好的創作，讓評審跌破眼鏡，以爲是抄襲的，差點錯怪了這個有才氣的小子：「我很高興把他介紹給大家，只要他持續朝作畫這條走，將來一定能夠嶄露頭角。」

接著是一陣掌聲，我還沒有喝酒就醉了，但是頭腦是清醒的，我很感謝梁先生對一個默默無聞的晚輩如此厚愛，問他可不可以稱他老師？

「當然可以，這是我的榮幸。」

我又問他，可不可以去他家拜訪？

梁老師二話不說，立刻說：「歡迎，歡迎。」順勢拍拍我的肩，同時把地址抄給我。

到了星期天，我迫不急待地騎著單車，從延平北路騎到木柵溝子口，梁老師也不嫌我麻煩，經常指導我的畫作。有時我去得太早，他才剛起床，絲毫沒有不滿，照樣跟我有說有笑。

不只我一個人向他請益，星期天不少政工幹校美術系的學生也會擠到他家，梁老師知道我們都是窮光蛋，傳授畫藝從不向我們收取任何費用，中午還特地叫師母買牛肉燒給我們吃，並不斷叫我們多吃點：「吃飽了，才好創作。」這是他經常掛在嘴上的一句話。

我在梁老師家叨擾了一段不算短的時間，感覺老師的家就跟我的家一樣。梁老師還把我介紹給他哥哥梁又銘，兄弟倆對我都很好，完全沒有把我當外人看待。

從那時候起，一年三節，我都帶著一份禮物去看老師。後來我的漫畫賺錢了，收入增加，我開著汽車，提著火腿、洋菸、洋酒去探望老師，一直到他移民美國爲止。梁老師也很高興，說我是他當老師以來，第一次碰到這麼好的學生。一九七〇年，我開始轉向發明，減少漫畫產量，幾年後陸續得了中山技術發明獎、第一屆十大傑出發明獎、金頭腦獎等，梁老師都是從報上得知我得獎的消息，他特別打電話向我致賀，並說；「眞不得了，你一個漫畫家居然可以得到發明獎，眞是畫家的光彩，令人佩服。」

這句「佩服」由梁老師嘴裡說出，令我感動萬分，他是我在北師當導師的孫立群外，第二個讓我時時感念的恩師，感謝當年對我的照顧，這分深情，我是一輩子都不會忘記的。

大嬸婆，鄉巴佬，傻裡傻氣大家愛

「大嬸婆出場，大家鼓掌。」

「大嬸婆」在我的漫畫中，佔有很重要的地位，事實上，大嬸婆就是我媽媽的化身。她是一個十分風趣的人，從二樓掉下來居然沒事，唱起山歌有板有眼，還得到山歌競賽冠軍，她雖然年事已高，但動作迅速，爬樓梯我還趕不上她。說她是奇人，眞是一點也不錯。

大嬸婆原名嚴六妹，民國前十年出生於新竹縣石崗村，成年後與橫山鄉大山背劉阿坤結縭，生有三男七女。大嬸婆具有客家婦女傳統勤苦耐勞的美德，平時除了料理家務外，還要上山採茶、下田種稻、種菜，入坑採煤，閒時還要養豬、晒穀子、撿柴、挑水，永遠有做不完的工作。大嬸婆的身體魁梧體健、健步如飛，再加上聲若宏鐘，大老遠就能聽到她的大嗓門，當地人暱稱她「雷公嫣」。

古道熱腸的大嬸婆，平日若路見不平，一定會見義勇爲、拔刀相助；看到遊手好間、不務正業的人，不論對方何等身份，碰到必然破口大罵！

尤其對不孝順父母的人更加在意，口下絕不留情，罵得對方討饒爲止，當地流行一句客家順口溜：「不驚虎、不驚蛇，只驚遇到雷公媽！」由此可見當地民眾對大嬸婆的敬畏。

大嬸婆一生服膺活到老、做到老，任何事都不假手他人，她在六十歲時，每天還馬不停蹄地做東做西。有一次她到內灣扛木馬架，這需要極大的體力，通常都是由男人負責，她也搶著做，一路上大聲吆喝：

「閃呀！閃呀！」提醒路人別讓木馬撞到，沒想到這句話，竟成爲當地有口皆碑的安全警語。如果你到內灣參訪，不經意還會聽到鄉民高喊這句警語，提醒遊客注意來往的車輛。

以前鄉下人搬家，像趕廟會一樣熱鬧。一大早，全村人總動員來幫忙，大人搬重物，小孩搬輕便的東西，排成像螞蟻般的隊伍，浩浩蕩蕩往新家前進。村裡的婦女會自動帶著鍋盤碗筷，把自己家裡的蔬菜和主人家的豬肉一起烹煮，料理大夥兒的午餐和晚餐。

每次碰到別人搬家，大嬸婆總搶在前頭幫忙，家裡有什麼好東西，從不嗇惜拿出來與人共享：碗筷、桌子、棉被都拿出來借人，她是那種寧願委屈自己，也不願別人受苦的人。

大嬸婆生性愛好旅遊，出門總是帶一把傘，串個包袱，裡面裝幾件衣服之外，其他都是準備和同伴共享的美味私房菜。她又樂善好施，不但自己捐贈，甚至親朋好友送給她的紅包或禮金，她悉數以他們的名義捐出去贊助慈善活動。

對於鄉里間的造橋鋪路，大嬸婆從不落人後。不論誰要找義工幫忙，首先想到的一定是大嬸婆。說來你也許不信，大嬸婆曾到竹東火車站前，幫助一家低收入戶的麵攤打雜，連續兩年分文不取，這還不算，有一次，她不小心打破兩個碗盤，爲免主人賠本，還暗地自掏腰胞，多買幾個來添補。

年事愈長，做起事來難免力不從心，但是大嬸婆依然樂此不疲。記得她在七十多歲，曾到竹東河邊農場，義務幫忙撿韭菜。農場主人一方面尊敬她是長輩，一方面又擔心她愈幫愈忙，萬一延誤交貨時間，損失不輕，於是好言相勸，請她回家休息。滿懷善心的大嬸婆，沒有想到竟然被人拒絕，不禁悲從中來，眼淚掉個不停，大嘆人老了，不中用了！看在兒子的眼裡，實在難過，於是瞞著大嬸婆，付錢給農場主人，讓她繼續當個快樂的義工。

五〇年代，我的第一本漫畫《尋仙記》出版後，受到讀者熱烈歡迎，一夜之間成了漫畫家，許多出版社捧著鈔票拜託我畫，令我受寵若驚！於是我開始正式畫漫畫。當時的漫畫很薄，十六頁就可以出一本，這種漫畫書我大概畫了一百多本，什麼《阿貓歷險記》、《唐老鴨》、《泰山救美》……，沒有主題，也沒有自己的個性，只要看到誰的作品不錯就學一下，學來學去，就是沒有自己的東西，心中有些苦惱，不知道該如何改進。

後來有個也是漫畫家的朋友告訴我，說我的生活太規矩，又無趣，畫不出什麼好東西，他建議我去舞廳找刺激，去咖啡廳找浪漫，還可以到酒家瘋狂一下，保證文思泉湧。我聽了嚇了一跳，像我這種沒見過世面的鄉下人，怎麼敢去那種地方，打死我也不敢去。後來我不停地動腦筋，想畫出自己風格的東西。

當時我看到台北有一些不務正業，又沒有正義感的人，整天遊手好閒，要是在鄉下，一定會被我媽罵個半死，「對啦！我媽說話非常大聲，看不慣的事就破口大罵，不會虛假恭維，對就是對，錯就是錯。」我想社會上很需要這種人，於是把她畫成漫畫人物「大嬸婆」。

「大嬸婆」的故事刊載在《新朋友》雜誌，一推出就造成轟動，後來書商再出版

《模範少年》雜誌時，指定我再畫一個鄉下憨厚人物，我毫不考慮，就把自己最傻、最憨的樣子畫上去，並爲它取名「阿三哥」。

這部漫畫同樣造成轟動，簡直欲罷不能。後來我把「阿三哥」與「大嬸婆」結合在一起，裡面有很多我們母子間好笑的對話，可以說，漫畫中的情節，完全是我們母子對生活的體驗。由於眞實、有趣，直到今天，還受到許多讀者的懷念。

「大嬸婆，鄉巴佬，傻裡傻氣心地好，見義勇爲不服老，最怕肚子餓了受不了。」人見人愛的大嬸婆，在九十五歲時，享盡天年後離開人間，雖然她走了，但是，她的軼事趣聞，將永遠留在懷有赤子之心的人們心中，「大嬸婆」也成爲你我共有的記憶。

天生就愛幫助人

從小我就遺傳媽媽熱心助人的精神，只要看到別人有困難，我的惻隱之心立刻油然而生，經常不顧自己的處境，立刻跳下去幫忙，從不袖手旁觀。漫畫「阿三哥」畫的就是我自己：一個從鄉下來的土包子，憨厚、老實、樂於助人，從不佔人便宜。

我記得很清楚，小學六年級那年，哥哥拿給我一些錢，要我送到横山交給一位親戚。途中我碰到一個賣碗的老年人，挑著籮筐，挨家挨戶去推銷。有戶人家叫住他，表示要買碗，但是把價錢殺了一半，賣碗的人不願意賣，於是挑起擔子準備離開。

我見他是一個上了年紀的人，兩邊的籮筐壓得他挺不起胸，走路一搖一晃，十分辛苦，霎時起了同情之心。老人家見我不停地注視他，脫下草笠，邊搖邊對我說：「你看什麼！你有錢嗎？有錢的話，一半的一半賣給你。」

我一想：「這便宜啊！」一半的一半就是半價的半價，不但可以幫助老人把碗賣出去，還可以把碗賣給那戶人家，他就是爲了殺價不成才不買的。於是我把身上的錢全部掏出來，買了半打碗。

當我拿著碗交給那戶人家，告訴對方，比他剛才殺得價錢還要便宜一半時，他居然不買了。原來他還想再殺價。我頓時傻了眼，嚇得哭了出來，並把其中的原委告訴對方：「我這麼好心，爲你們雙方著想，你爲什麼不買下來？」

那戶人家顯然被我的好意打動了，當我說出祖父的名字叫劉琳逘，對方立刻說：「是那個模範農民嗎？」

我的祖父在當地十分出名，他在日據時代，曾當選過模範農民，新竹州長還特別上山頒獎給他。那是一件轟動鄰里的事，爲了迎接州長，當地還發動鄉民去開路，好讓州長的轎子可以順利通過崎嶇不平的山路。

日後我到台北讀師範時，同學暑假要來我家，問我住的地址，我直接了當地告訴他們：「沒有門牌，也沒有地標，沿途只要問我祖父的名字就可以找到我家。」可見我祖父在地方上多麼出名，「模範農民」幾乎就成了他的名字。

經過一番折騰，我終於從對方的手中接到碗錢，一度我曾怨嘆自己是個傻瓜，專幹這種傻事，要是他不買，我就要把這些碗帶回家，屆時怎麼向哥哥交代？但一轉眼，我就忘了這些不愉快，「爲善最樂」已經成了我日常生活中相當重要的一件事。

初中我讀的是芎林中學，由於路途遙遠，寄宿在堂姊家，只有假日可以回家。周六中午一放學，我即迫不急待地往家趕。從學校回到大山背的家，要走上六小時，如果不加緊腳步，天黑都到不了家。雖然到家已精疲力盡，但是我一定會到附近運煤的地方，看看有什麼需要我幫忙的，那是我最樂此不疲的工作。

我家附近的山區產煤，一度父親還向礦主承包採煤，雇了不少工人來挖煤。因此，我對礦工的辛勞十分瞭解。通常礦工把煤挖出來後，還要用台車把煤運到山腳下。沿途的鐵軌相當陡峭，增添運煤的危險性，即使用力拉住剎車，台車還是不斷往下滑，稍不留心就會連人帶車翻出鐵軌，所以工人不時用砂紙去磨鐵軌，減少鐵軌的滑度。

運煤下山還比較容易，最辛苦的是把運完煤的空車推回礦坑。那是一件十分艱難的工作，通常由兩、三個礦工聯手一起，大家使出吃奶的力氣，費時兩個多小時才能把台車推到山頂。

這一幕在我幼小的心靈不知出現過多少次，當我有體力可以幫忙礦工時，就義不容辭地加入這個行列。雖然我的個頭還不算高大，但是能夠幫助別人總是好的，尤其是看到礦工揮著熱汗，露出見牙不見眼的笑容，我就覺得很快樂。推車的工作持續好幾年，直到我北上求學才停止。

這種「爲善最樂」的精神隨著我長大成人，愈做愈來勁。民國五十二年九月九日，葛樂禮颱風侵台，結果造成三百一十二人死亡，損失高達三億元。災情十分慘重！當時我已經學會潛水，且拿到中華潛水救難隊頒發的執照。

葛樂禮襲台的那天，我早早穿好防寒衣，備妥潛水裝備，手裡拿著收音機，隨時收聽廣播準備出外救人。結果沒有救到一個活人，反而是淹死的人數不斷增加，沒有人敢去撈，我自告奮勇幫忙打撈。剛開始我也很害怕，尤其撈到一個體無完膚，面目難辨的屍體，心裡直打哆嗦，這是我以前從未碰到的事情，可是我不去撈，叫誰去做呢？想通後內心的恐懼逐漸降低，到後來根本不把它當一回事。

颱風天不但停電，水管也被大雨沖斷，導至許多地區停水，民眾叫苦連天。我從小危機意識就特別強，平常就注意住家附近的安危，一旦發生火警，哪裡有水源，水管接在何處，我都看得很清楚，以備不時之需。遇到颱風停水，我能立刻找到水源，打開水龍頭，先把家裡的水缸裝滿，接著再一桶桶地裝水運給左鄰右舍，即使提得腰酸背痛，我也不覺得辛苦。

台北師範畢業，我被分發到永樂國小，擔任美術老師。我因爲沒有背景，又不是台北人，不能做導師。那時候本地人才有辦法，可以帶班級，我只能做科任。其實這也沒有什麼關係，教美術本來就是我所喜愛的，我一直想做一個認眞負責的好美術老師。每堂課後我都出作業讓學生回家練習，假日還帶他們出去寫生，我一共教了八個班級，我把所有的時間都放在學生身上。但是，學校的老師似乎都不喜歡我的教學態度。

有一年中秋節，六年級的一位導師跑來找我，手裡還提了一盒月餅，長這麼大從沒有人送我月餅，令我感動萬分。等坐定後，對方直接了當地對我說：「劉老師，你不要這麼認眞嘛！考初中又不考美術（當年的初中等於現在的國中，是要用考的），再賣力教也沒有用，不如你把時間讓給我補習國語、算術，對學生也有幫助。」

不只一個老師對我提出這樣的要求，我教的八個班級的老師全部來找我，滿口感謝我幫忙，希望我把時間讓給他們。弄到後來我沒有一個學生可教，每個月枯坐學校，不用上課，乾領薪水。我很沮喪，一時間不知如何是好。

剛好有家位在長安西路，舊市政府後面的市立托兒所開所，所長計畫把教室布置一番，給小朋友玩樂，像是幼教器材，看圖說故事、路標指示等，但是這方面的人才難找。我經過朋友的推薦，義務到這家托兒所幫忙，我好高興，每天忙得不亦樂乎，看在同事的眼裡，都覺得是一件不可思議的事，有的還當面說：「他們又沒有給你一毛錢，你還忙得這麼起勁。」

我知道，同事都認爲我是傻瓜。我雖然出生貧寒，但對錢財看得很淡，夠用就好。另一方面，我愛面子，重視榮譽，只要別人需要我，我一定鼎力相助，從不計較得失。

聽到同事這樣說，我不以爲意地回答：「這有什麼關係，他們給我好多紙，還有顏料，讓我自由發揮，我覺得我愈畫愈進步。還有，小朋友吃點心時，我也有一分，這已經很好啦！」

眞的，我好滿意，不覺得托兒所苛待我。結果我在托兒所義務幫忙三年，不僅如此，附近的幼稚園知道有我這號人物，都主動請我去幫忙，我也義不容辭去協助他們，從不計較他們沒有給我一文錢，日子過得充實極了。

我就是在那個時候起，對幼教產生濃厚的興趣，再加上國內幼教的材料十分缺乏，因此，日後成立「愛愛幼兒美勞創意中心」，專門傳授美勞技藝，結果吸引各地的幼教老師前來報名。我不敢說自己爲國內幼教建立了多大的功勞，但我確實爲幼教付出了許多心力，自己編教材，親自傳授，培養許多優秀的師資，也爲我的人生增添不少樂趣。

婚後多年，我與太太合作成立出版社，有一段時間也製作自學玩具，所有貨品委託大榮貨運公司運送，由一位名叫陳嘉河的司機來載貨，他只知道我們出貨很頻繁，不清楚我們做什麼生意。有一天，他忍不住問我，我把情形告訴他。陳嘉河對我的產品很有興趣，立刻說：「我想辭掉司機的工作，專心來做你中南部的代理商好啦！」

我說，可以呀，但是我們素昧生平，我擔心產品出去了，拿不到錢。「這個你不用擔心，我在南投有很多土地，我可以拿土地做抵押品。」陳嘉河拍拍胸脯保證。我一聽這個辦法不錯，於是帶著太太到南投與陳嘉河辦理土地抵押。隨後把產品交給對方，但是銷售成績並不理想。陳嘉河是農家子弟，回去後還要幫忙種田。有一天，他到田裡工作，碰到雷陣雨，他躲到工寮避雨，冷不防被突如其來的閃電擊斃！

陳嘉河的太太告訴我這件不幸的事，並說她不懂做生意，問我可不可以把貨拿回去。這是理所當然的事，生意是她先生簽的，如今人死了，生意怎麼做下去？於是主動提出要去辦抵押塗銷。我把這個工作交給代書處理，豈知代書大意，少蓋了一個章，對方也沒有發現，以爲一切OK，向我致謝後就回家了。

這件事就這麼擱了下來，二十多年後，有一對中年男女，帶著豐厚的禮物找到我家，二人一見到我即下跪，我不知發生何事，連忙追問二人是誰？

女的開口告訴我，她是陳嘉河的太太，我一時想不起這個名字，她提起當年先生代理我的自學玩具，我才回過神來，立刻請她站起來說話。

「是這樣的，」她一開口，便忍不住哽咽起來，「這件事一定要請您高抬貴手，幫幫我們，您還記得當年我先生把土地押給您那件事嗎？」

「記得，記得，我早就辦塗銷了，不是妳也在場的嗎？」

「問題就出在這，因爲代書少蓋一個章，當時我也沒有發現，以爲沒事，沒有想到少一個章，塗銷變成無效。」說到這她停頓了一會，「我也不瞞您，現在政府徵收這塊土地，價值比當年暴漲好幾倍，我這趟來就是求您幫忙，我知道不能白求您，所以請您開個價！只要您開口，我一定辦到。」婦人滿臉期待地望著我。

至此我才明白到底是怎麼一回事，老實說，我不是一個貪財的人，不是我的，一文也不要，我怎麼會要她的錢？於是我帶著抱歉的口吻說：「少蓋一個章，是我不對，妳不怪我，我已經很高興了，怎麼還要向妳要錢，現在我馬上找代書處理，這事包在我身上，妳不用擔心！」

婦人聽了，張口結舌的愣在那裡，隔了好一會才說；「劉先生，我眞不敢相信，世界上有您這麼好的人！」隨後夫妻倆抱在一起哭作一團（我後來才知道那是她的第二任先生）。

我雖然喜歡幫人，但是碰到有人耍心機、蠻不講理，我也會略施小計，修理對方一番。

這件事跟代書蓋錯章又有關連，婚後我在社子買了一棟房子，之後，孩子接二連三出生，沒有人可照顧，於是我們搬到重慶北路與岳母家同住。社子的房子租給一家生產電扇的商人。幾年下來，房客賺了一些錢，問我願不願意把房子賣給他？那間房子留在那也沒有什麼用途，既然有人要買，彼此討論了一下，就以四萬元成交。售屋的事情交由代書處理。

想不到多年後，房客找到我，說當年代書沒有辦清楚，希望我補個圖章，他才可以辦理過戶。我想，錢我都拿了，房子早就應該歸房客，沒有第二句話，立刻補了一個章給他。

隔了一個星期，我收到地政處寄來的稅單，要我補繳這些年的土地增值稅，共有十餘萬元，不是一筆小數目。我去找房客商量，他竟相應不理，把稅金推給我，說是應該由我繳。

「這下慘啦！」我忍不住長嘆：「做人做到這個地步，明明好心要幫人解決問題，反被別人咬一口！」

但是，我也不是輕易被打敗的人，既然別人這樣對付我，就不要怪我不客氣，我只要稍微動動腦，就可以把你折騰得跪地求饒。

我以若無其事的神情告訴房客：「沒有關係，我應該繳這筆稅金，我已經繳了。」他好得意，以為這次抓了條大魚，連聲客套話都不說。當時我在龜山投資針織工廠，規模不小，有三百個員工。一個月後，我囑咐公司總經理向我的房客訂貨，就說我們公司需要大批電扇，希望他能趕快生產送來。對方一聽，十分興奮，答應盡快交貨，馬上開始生產，甚至還向外面調貨應急。

當他把大批電風扇送到龜山，我才出面，我問他是不是來收錢，如果是，先把那筆稅錢算一算。他一看是我，登時傻了臉。我告訴他，我有的是時間，如果他要打官司，我奉陪到底，看法官怎麼判？我不相信法律這麼不通人情！

看我如此強硬，原本蠻橫無理的房客也軟了下來，他盤算一下，發現押在此地的貨，比稅錢高出甚多，最後決定把那筆稅錢還我，然後把電扇取走。

報紙爭相刊載我的作品

一九五八年，我的漫畫終於如願以償，登上當時台灣第一大報——台灣新生報，內心喜悅，眞不是筆墨能夠形容的。說起作品被報紙錄用，中間還有一段故事。

初畫漫畫時，我就以報紙爲目標，希望有一天能夠打進這塊園地，那是我最大的心願。於是我每天不停地畫、不斷投稿，但從未被錄用過，我不氣餒，還是照畫、照投。

有一天，與我私交甚篤，筆名叫「黃鶯」的漫畫家來看我，興高采烈地對我說：「再過四個月，台灣新生報就要連載我的漫畫。」黃鶯的年紀與我相仿，他喜歡天文，這方面的知識相當豐富，又會作曲，還會畫漫畫，堪稱多才多藝；當時他畫的「地球先鋒號」在學友雜誌連載，很受歡迎，是一位知名度很高的漫畫家。我結婚時，黃鶯還擔任我的伴郎。

我知道新生報長期以來，都是由王小癡包辦漫畫，外人很難插足，這次怎麼會由黃鶯上陣？，於是我問他：「你怎麼知道四個月以後，你的漫畫會在新生報刊載？」「是這樣的。」黃鶯把其中的故事告訴我，原來王小癡出了一點問題，不能再畫，漫畫無人接檔，新生報於是徵稿，總共選了五名，黃鶯被選上了，是第二名，第一名由一位名叫蔣中山的獲得，他是位小兒科醫生，因爲名字太敏感，畫漫畫時以「怪人」做筆名。怪人擔任第一棒，黃鶯排在四個月後的第二棒。

當我聽到這個消息，內心眞是難過，不斷在心裡自問：「我怎麼沒有看到徵稿的消息，白白失掉這個難得的機會！」愈想心裡愈不是滋味。

雖然難過，畫筆仍然沒有停止，三個月後我把早已畫好的「從軍樂」寄給新生報，想試試自己的運氣。「從軍樂」是我當兵的日記，內容十分寫實。當年牛哥也在晚報上畫「從軍樂」，但是他沒有當過兵，所以離主題有段距離。

畫稿寄出去三天，突然接到副刊主編童尙經寫給我的一封信，約我到報社一談，原來他們看了我的「從軍樂」，非常喜歡，準備等怪人的漫畫結束後，立刻安排我的漫畫上檔。「不可以！接下來不是要用黃鶯的漫畫嗎？」我想起黃鶯在幾個月前告訴我的話，立刻提出疑問。

「我們報館才不管這些，誰畫得好我們就用誰的。」接著童主編又告訴我：「稿費一個月一千八百元。」

當我得知新生報要採用我的稿子時，差點高興得要跳起來，之後又說到稿費有一千八百元，讓我再度想跳起來，實在是太出乎我的意料！當時小學教員一個月的薪水是四百八十元，想不到我的稿費足足比薪水高出三倍有餘。

但是，另一方面我又深感抱歉，本來應該由黃鶯上場的，現在居然被我搞砸了。於是我跑去找黃鶯。向他再三道歉，希望他不要生氣。黃鶯雖然有些失望，但也很有風度地說：「沒有關係，你本來就畫得很好。」

「從軍樂」在新生報連載四個月時，我匆匆地把稿結束了，童主編很生氣地問我，爲什麼沒有經過他們同意就匆匆結束，我說四個月快要到了，該換黃鶯了。

「登不登黃鶯的稿子，不是由你決定，你繼續畫下去。」童主編顯然不滿意我的答案，並要我以後不要管這件事。於是我又繼續畫，這次我把場景移到金門，一連畫了六個月的「金門當兵記」。六個月後，我又匆匆停筆，想把園地讓給黃鶯，豈知童主編又把我找了去，要我繼續畫下去。

就這樣，我一部一部地畫下去，我的「小聰明」就是在新生報連載，一畫好幾年。說起畫「小聰明」，中間也有一段故事。

當時國家正努力推行科學教育，報社希望我能畫一些科學漫畫，但是我讀的是師範藝術科，不考物理、化學，連算術及英文都沒有，我怎麼會畫科學漫畫？」

主編一聽，露出無可奈何的表情，好像是說：「那就對不起，我們只好找懂科學的人囉！」

我一想優厚的稿費泡湯了，心裡頓覺悽然！也顧不得會不會畫，馬上向編輯說，我要畫。對方有些吃驚，問我怎麼變化這麼快；「你眞懂科學嗎？」

「先踏出第一步再說。」我想起祖父以前告訴我的一句話：「即使跌倒了，手裡也要抓一把泥土。」既然如此，我爲什麼在沒有開始前就打退堂鼓呢？至於第一步要畫些什麼？我在心裡不斷琢磨思考，突然我想起一個好點子：「我可以畫一個專門幫人解決問題的「小聰明」。」

「舉個例子說明一下。」編輯似乎對這個題目也很有興趣。

「譬如，我有兩個杯子相疊在一起分不開來，後來我在下面放熱水，上面倒冷水，靠熱脹冷縮的原理把杯子分開。」

主編一聽，大喜過望：「對！對！這就是科學的方法，你這個點子不錯，就照你剛才講的方法去畫。」

原來這就是科學，如果他早一點說明，我就不那麼緊張了。但是只會一個也不行，主編是希望我每週見報，這又叫我有些爲難，倒是主編引用愛迪生講的一句話提醒了我，這句話是：「發明家不是超人，他不能樣樣都會，可是可以樣樣學，樣樣問。」

爲了在「新生兒童」畫「小聰明」，我蒐集了很多科學方面的資料與書籍，自己也不斷思考，一碰到問題就打電話向我認識的專家請教。漸漸地，對科學也有了進一步的認識。

繼新生報後，中華、中央、徵信新聞（中國時報前身）、聯合、國語日報也開始向我邀稿，海外報紙也開始轉載我的漫畫。不僅如此，國內陸續增加許多漫畫雜誌，包括《模範少年》、《新朋友》、《新學友》等，老板也親自登門拜託我畫漫畫，平均每天還要在六分報紙上畫漫畫，忙得不可開交，收入也水漲船高起來，當時我一天的收入，比小學老師一個月的薪水都高。在新生報連載「桃李春曉」時，我碰到一件有驚無險的事，用現在的術語叫「白色恐怖」，讓我日後創作更加小心。

「桃李春曉」連載時，有一天，我送稿到報社，辦公室沒有一個人跟我打招呼，我正在納悶時，童編輯一臉驚慌地把我叫到外面，告訴我出了大事了。

我嚇了一跳，不知道出了什麼事，原來是我畫的「桃李春曉」捅出簍子。在這部漫畫中，我提到某某伯伯是個有錢人，但是他的小兒子是個小流氓，每天惹事生非，地方上的人都很怕他。我爲這個伯伯取了一個少有的姓，偏偏國民黨上層人士就有人姓這個姓，巧的是他也有個兒子，跟我漫畫中的小流氓年齡十分相似。

高層人士的兒子看到這部漫畫，十分生氣，拿著漫畫告訴他父親：「這不是明指我們父子嗎？」這位高官看了漫畫也很火大，立刻向黨主席蔣中正報告，說有人利用漫畫誣衊他們父子！

這下不得了啦！

童編輯拿著原稿問我，漫畫中的情節指的是不是這對父子。我也嚇呆了，連忙爲自己辯護，說這幅漫畫是無意間創作的，我根本不知道國民黨有什麼高官，也不認識他們父子，之所以會取這個姓氏，完全是巧合，絕沒有誣衊之意。

據說，國民黨上級對我的資料查得很仔細，我一直不知道此事，後來他們發現我不過是個鄉下來的年輕人，沒有什麼問題，所以不再調查。這件事情並沒有結束，國民黨雖然停止調查，但這個消息不曉得被誰傳了出去。以後三天兩頭就有自稱是調查局或黨部的人，以調查爲名，要跟我談談。他們來了我免不了要請他們吃飯，一次、兩次，不知道請了多少次。最後，也不了了之。

還有一個在報社擔任通訊組組長的人，尤其惡劣，他的太太跟我是永樂的同事，他從他太太那裡，得知我在報上畫漫畫，出版漫畫賺了錢，於是利用這個機會，不時對我進行勒索。每次都說有讀者投書，說我如何如何，又指我在學校怎樣怎樣，反正就是要我花錢消災。

我這個人一向怕麻煩，尤其是在白色恐怖這段時間，能夠避免的盡量避免，能夠花錢的就花錢，以免橫禍臨身。爲了息事寧人，不斷答應他的要求。最可笑的是，他連我的名字都搞不情楚，他太太每次都叫我劉興（四聲）欽，他就按照他太太的唸法，把我的名寫成「劉幸欽」，我一看就知道他是無的放矢。也許是夜路走多了，拿了許多不該拿的東西，最後他竟遭人殺害，而且是死在巴西。

這段時間，我也聽了很多無端遭受迫害的事件，我有位北師的同學，看到我的漫畫受到歡迎，也學我畫起漫畫。沒有多久，就因爲畫中一句對白受到處罰，這句對白是：「衙門八字開，有理無錢莫進來！」有關單位認爲他意有所指，結果被關了六個月，眞是無妄之災！這一連串的事件，使我對畫面及對白處理更加謹愼小心，唯恐出了差錯，像畫國徽上的十二道光芒，一點也不敢大意，畫國家元首或重要人物，更是如履薄冰，一定要看了再看，確定無誤，才敢進行下一工作；最可笑的是，連畫中人跌倒時所碰撞出來的星星，也不敢畫五角星，改成四角，就是擔心被有心人士拿去作文章，認爲我跟中共同路。漫畫中的對白不只由上而下要無誤，即使左右橫排也要看個清楚，避免有無心插柳之過。

總之，一切都要小心更小心，謹慎更謹慎。幸好我的同事陳文獅國文底子很好，漫畫畫好時，他會幫我校正。婚後，太太幫我把關，一次又一次校對，確定一切無誤，才交給印刷廠印刷。

令人難過的是，當年提拔我的童尙經編輯，不知什麼緣故，竟被槍斃了，我不敢去打聽，最後才聽說是匪諜罪。這件事過了好多年，直到前年才在他的太太及女兒奔走下，有了平反的機會。

童編輯走後，我經常想到他，他是個好人，對兒童文學有很大的貢獻，特別他創辦的「新生兒童周刊」，受到許多小朋友的歡迎，爲新生報打下很好的名聲。

走筆至此，我又想起那年投稿給新生報，就蒙他的青睞，並要我努力作畫，我也忘不了他曾對我說的：「誰的稿子好，報社就用他的。」我眞的好懷念他。

一代報人夏曉華

自從我的作品打進報社後，知名度大開，沒有多久，又有好幾家報紙找我畫漫畫，也認識了一些媒體人，但是深交的有限，畢竟大家都忙，要坐下來好好聊聊的機會有限。

新聞界大老夏曉華是唯一的例外，自他經營正聲廣播公司開始，我就跟他常有來往，主要是我的漫畫在《正聲兒童》雜誌連載。夏先生爲人豪爽，做事認眞，「正聲」在他的統籌下，經營得有聲有色。後來他去台中縣辦台灣日報，又把我找去幫忙，彼此間的互動更加密切。十年前，我移民美國，只要返台總是找時間去探望他。算算彼此交往的時間，超過四十年，這實在不是一段短時間。

一九四九年，夏先生隨政府撤退到台灣，隨即在台北辦了兩個廣播電台，包括「正義之聲」電台對大陸廣播；另一個「正聲廣播電台」則從事民營電台的業務。以

「正聲」商業廣告收入來維持沒有廣告的「正義之聲」正常開支。在他的庇護下，許多質疑當時政府作爲的聲音得以出現，也因爲如此，最後被迫退出。

後來他又分別到台中、高雄創辦台灣日報和台灣時報。夏先生的故事應該是形成後世集體記憶的重要材料。

夏先生初辦正聲電台，正是國內百廢待舉的時候，一切都很艱困，要以一個民營電台養一個毫無收入的對大陸廣播的電台，實在是捉襟見肘，有時連伙食費都成問題。靠著夏先生的努力及毅力，正聲逐漸茁壯，從芝山岩遷到長安西路，六年後，改組成立公司，並增設台北第二廣播部分，同時收購了高雄的正言電台、嘉義的公益電台及台中的農民等電台，漸進入發展階段。

廣播與出版同時是大眾傳播的重要工具，兩者可以相輔相成，這一點夏先生很早就發現；正聲先後推出的出版品有《正聲英語教材》（共三種）、《正聲兒童》及《正聲歌選》，其中以《正聲歌選》發行量最大，爲電台帶來極可觀的利潤。《正聲兒童》的銷路較差，每期都虧錢，想不出什麼好辦法。

夏先生對《正聲兒童》長期賠錢也很頭痛。有一天，他跟《正聲兒童》總編輯劉韞說：「雜誌每期都虧本，這樣辦下去還有什麼意義呢！是雜誌內容不好，還是我們的經營有問題？這要好好合計合計。」接著他又問：「有什麼辦法可以讓這本雜誌賺錢？」

劉韞不慌不忙地說：「要想讓這本雜誌賺錢不難，只要把劉興欽找來畫漫畫就成了。」

「有這麼厲害的人嗎？他一畫就會賺錢！」夏先生顯然不太敢相信總編輯的話，但既然有人提出來，總要試一試，於是他指派劉韞來找我。

劉韞當天下午就跑到永樂國小看我，希望我能爲《正聲兒童》畫漫畫。

我一聽，二話不說，立刻答應，連題材都想好了，叫「丁老師」。爲了讓漫畫一出場就造成影響力，我希望把他們計畫給我的十六頁增至二十四頁，如此才有份量。劉韞也點頭同意，讓我在《正聲兒童》可以大顯身手，而且稿費也很優渥。

這一筆畫下去，《正聲兒童》果然引起大小讀者的注意，銷售量馬上上揚，當期就賺錢了。夏先生嚇了一跳，連連說道：「劉興欽眞是神奇，一出手就讓《正聲兒童》止跌回升。唉呀！我做夢都沒有想到。他眞是太棒了！」

從這個時候起，我和夏先生變成好朋友，固定爲「正聲兒童」畫漫畫，幾年下年從未斷過。一九六五年十日二十五日，夏先生離開他做了十四年的廣播，到台中縣創辦「台灣日報」，鎖定的讀者是廣大的農民。創刊前，他約我見面，告訴我他要辦報的事，希望我能助他一臂之力，在報上開一個漫畫專欄。他坦言，辦報的資金並不充裕，問我可不可以少算一點稿費？

夏先生的爲人我很清楚，從不貪人便宜，他有事相求，我一定要鼎力相助，不要說少拿一點稿費，即使不要錢我也樂意。

「不要錢怎麼好意思，再說這也是你辛苦想出來的東西，我不能讓你白畫。」一聽說我不要錢，夏先生也有些赧然。

「夏先生找我畫漫畫，是我的榮幸，表示你看重我，再說創辦一個新報紙，是件很辛苦的事，你現在才剛開始，一定有很多問題要解決，於情於理我都應該幫忙。至於稿費，不是永遠不要錢，等我的稿子畫到一定數量，你可以出版單行本，等書賺了錢，你再斟酌情況給我。至於報紙的稿費就免了。」

夏先生握著我的手，久久說不出話來。我在台灣日報畫的第一部連載漫畫是「阿福成功記」，每天六格，星期假日也不休息。這是描寫一個鄉下人到城裡來討生活，但是，始終做不好，後來他決定回鄉，配合農復會的政策，終於在自己的故鄉闖出一片天地，成了當地的模範農民，與台灣日報爲農民辦報的風格，十分吻合。

這部漫畫引起很大的回響，廣告商都喜歡擠在我的漫畫旁邊。這件事還有一段小插曲：當時蔣經國擔任行政院長，積極推動農業改革，我畫的「阿福成功記」，藉著阿福把「農業改革」政策融進漫畫。教育部社教司為了推廣這個政策，準備找些作家來撰寫，但是，社教司長謝幼華認為，誰要看這種硬綁綁的文章，最好是用漫畫呈現。社教司找了半天，找不到合適的人，最後他們找到我，問我願不願意畫？我告訴他們，不必畫，我已經畫好了。

「開玩笑！我才剛剛說，你就畫好了！」

「不要批評，看了再說嘛！」我把「阿福成功記」稿子拿給他看。對方邊看邊點頭說：「好棒！好棒！跟政策完全吻合，可是這個漫畫已經登過了。」

「那有什麼關係，改個名字就可以了。」於是「阿福成功記」搖身一變成為「田園樂」，社教司大批印製，送給各地農會，再由農會分送給各農民。算算看，這本漫畫讓我賺了好幾次錢，直到現在我還在收取版稅。

為台灣日報打響第一炮後，接著我把「阿三哥」與「大嬸婆」結合在一起，畫了「阿三哥大嬸婆遊台北」、「阿三哥大嬸婆找工作」、「阿三哥大嬸婆遊寶島」、「大嬸婆作媒」等，同樣受到讀者的喜愛。值得一提的是，「阿三哥大嬸婆遊台北」造成轟動時，我向夏先生提出「阿三哥大嬸婆遊寶島」的計畫。爲了眞實起見，我希望利用假日到各地實地觀察。夏先生一聽這個主意好，立刻表示贊同。爲了讓我順利達成採訪任務，他還特別發給我一張記者證，以便採訪時用。我利用這個機會到全台各地參觀，四處寫生，許多寶島的山光水色、風俗民情及著名小吃，都成爲我漫畫的題材。推出後，果然受到讀者的歡迎。當時台灣報導這方面的題材很少，我用畫筆把讀者帶到現場，算是開了漫畫旅遊的先鋒。

有一件事可以證明，我在台灣日報畫的漫畫受到讀者的歡迎。有一年，台中舉辦商展，共有二百餘家工商團體報名，台灣日報也報名參展，爲了吸引讀者訂報，台灣日報打出：「訂閱台灣日報，即可得到漫畫家劉興欽的親筆簽名。」只有親筆簽名而已，沒有其他物品相贈。

結果我坐的攤位前擠得水洩不通，大人小孩都有，秩序大亂，最後還勞動警察前來維持秩序。估計兩天下來，我就簽了上千個名，從此夏先生對我更加另眼相看。

當時的盜版風氣很盛，我的每一本漫畫都遭盜版，讓我傷透腦筋，不知道如何處理。其中有一位年輕人，盜版的尤其厲害，往往我的新書今天出版，第二天盜版就上市，對我造成嚴重的傷害。對方居無定所，想找都找不到，讓我這個經常想出新點子的人，也束手無策。

有一次我經朋友告之，這位年輕人躲在萬華蝴蝶蘭旅社，他住的對面剛好是派出所。在無計可施下，我到派出所報案，指嫌犯經常盜版我的漫畫，希望派出所派人去取締！

值班的警察說我不懂法律，沒有確實証據，警察怎麼可以搜別人房間，說完就去處理自己的事，不再搭理我。在無計可施下，我向夏先生求援。夏先生聽了，立刻派採訪主任，去找派出所的頂頭上司，開門見山地告訴他，有人報案你們不去處理，還怪別人不懂法律，如果警方不去處理，明天就要把整個事件登出來，而且做大，放在三版頭條！

這下警察怕了，上司連忙派人去調查，當場抓住那位經常盜版我漫畫，且屢勸不聽的年輕人。檢查官最後以僞造文書的罪名起訴他。日後再碰到此類事件，我都是請夏先生幫忙。

二〇〇二年，我從美國回國，特別到夏先生家拜訪，夏先生不改當年豪邁，大碗喝酒，大口抽煙、肥肉不忌，走階梯時還用跳的，像個老小孩，他從不運動卻一身無礙，這是我最佩服的。

二〇〇三年，夏先生走完他的一生，我特別趕回來，向這位結交了四十多年的老朋友，致上最後的敬意。

我的漫畫全遭盜版

前面提到我的漫畫遭蔡姓年輕人盜版，我找夏曉華幫忙一事，坦白說，我極不願爲了此事，與人對簿公堂，實在是走投無路，不得已才採取的行動。對我而言，這是一個極不愉快的經驗！

當年我的漫畫，全部遭到盜版，無一倖免，蔡姓年輕人專門盜版我的漫畫，以低價促銷，造成我的正版漫畫嚴重滯銷！讓我從暢銷漫畫家變成退書大王，心情十分鬱悶，想不出什麼辦法可以制止他。後來我動了一下腦筋，在每本漫畫的書底加上：「聰明的孩子別上當，買書先看清書底，有國立編譯館的合格執照和劉興欽的印章才是眞品。」

這一招果然有效，小朋友開始拒買盜版漫畫。對方不曉得我會採用這個方法，一不做，二不休，把編譯館的合格執照及我的印章照樣印在盜版書上，這下被我抓到證據，我買了幾本，準備訴之以法，但是又不知道他躲在何處？告也無用。直到夏曉華幫忙，才以僞造文書罪告他，將他治罪。

盜版結束後，仿冒又接踵而至，情況比盜版更嚴重。所謂仿冒就是模仿漫畫裡的人物，然後自己編造故事出版。當時一些暢銷漫畫家的作品全部被仿冒，坊間還有人開設仿冒訓練班，針對幾位暢銷漫畫家，分成「海虹體」（陳海虹）、「定國體」（陳定國）、「興欽體」（劉興欽）、「宏甲體」（葉宏甲）等，有規模、有計劃地仿冒。

我的「阿三哥」、「大嬸婆」、「機器人」等全部被仿冒，一位陳姓的新竹人，仿冒我的「機器人」不說，他還另外畫了一個機器人，爲了強調他的機器人強，就把我的機器人打垮、打爛！擺明要吃掉你，讓作者情何以堪。

我透過朋友找到他，好言跟他商量：

「你不過是想賺稿費，這樣吧，我不讓你白畫，我用高價向你收購。」對方原本同意賣給我，但是，出版社卻跑出來攪局，說他好笨，被劉興欽收買：「人家把你的漫畫拿去擦屁鼓！」

作者受不了冷嘲熱諷，與我毀約，繼續畫下去。這一次他變本加利，在他的漫畫裡，信口開河，任意謾罵，說我是壞人，行爲不端，把我說得一文不值。我忍無可忍，告上法庭。當時的法官是蕭天讚，每次開庭都是我自己去，向法官訴說當事人的惡劣行爲。結果他因誹謗罪，被判刑四個月，可易科罰金。第二天各大報都登出這條消息，仿冒的歪風才逐漸平息下來。除了漫畫遭仿冒外，我做的機器人玩具也難逃仿冒。當時我只是試驗性質，看看這種玩具有沒有人喜歡，一個賣十元，沒有想到上市沒幾天就銷售一空，書店急著補貨，工廠只有一個模子，貨趕不出來。這件事被一位塑膠工廠得知，老闆仿冒我的成品，趕工製造，並以一個八元推出，一下子就把我的生意全部搶光了。

我愈想愈氣，無論創作什麼東西，不是碰到盜印，就是仿冒，我想找當事人去理論，甚至不惜一戰。等我找到他時，發現對方還開了一家武術館，萬一眞打起來，我還不是他的對手，只好自認倒霉！但是心裡極不服氣，回去後，立刻把玩具價格降到八元，準備跟他火併！對方也不甘示弱，降到六元，接著是四元、二元。爲了打贏這一仗，以免後患無窮，於是我用力一揮，喊出：「買一本漫畫，免費贈送機器人玩具」。這一招果然厲害，對方在無利可圖下，終於偃旗息鼓，但是，市場也因爲這場競爭被搞垮了。五、六〇年代，台灣漫畫創作一片欣欣向榮，絕不輸給當今的漫畫大國日本，但是，自從國立編譯館實施「漫畫審查」後，改變了這個現象，台灣淪爲盜版日本及美國漫畫的大本營。「漫畫審查」成了扼殺本土漫畫創作，變相鼓勵日本盜版漫畫的罪魁元凶。

一九六二年九月二十七日，行政院院會通過，由內政部及教育部會銜公布「編印連環圖畫輔導辦法」，共有十七條，其中第一章就明示：「政府爲適應需要，加強連環圖畫編印之輔導，以維護少年、兒童身心健康及防止其他不良影響起見，特訂定本辦法」。一九六六年，由教育部執行，隔年轉由國立編譯館實施。也就是從這個時候開始，本土漫畫節節敗退，沒有幾年，就拱手把漫畫市場讓給以盜版形式進入台灣的日、美漫畫。

我的漫畫一向都以「教育」爲取向，不只審查順利過關，還被選爲優良獎勵漫畫，單是獎金我就領了上百萬元。其他連環圖畫沒有像我這麼順利，通不過審查無法在市場銷售，只好走向租書店，但是，銷路有限，經營困難。只有我的漫畫在各書店、書報攤銷售。當時台北市西門町走廊，滿布了書攤，比重慶南路還要壯觀，往往一個書攤上我的漫畫就佔了一半。台北市第一家百貨公司——第一百貨公司在中華路開幕，五樓書籍部由青文出版社承租，整個樓面全部是賣我的漫畫書，沒有別的書。

無法取得國立編譯館審查執照的漫畫家，紛紛改行，一些出版商則轉向日本漫畫，直接把日本漫畫改成中文送審，結果本本都通過。這種堂而皇之盜印日本漫畫，反而可以得到國立編輯館的審查執照，大大激勵了其他出版社，一時風起雲湧，出版社都朝向這個方向走。國立編譯館施倒行的政策，把本土漫畫家逼上死角，時間長達二十年，那眞是台灣漫畫的大浩劫！

一九六八年，我推出轟動一時的「機器人」——阿金，這個機器人能夠自動騰空飛翔。沒有想到，審查漫畫的人卻質疑：機器人怎麼可以飛動？要我補畫一支遙控器才行。我對這種審查十分不服，又無法反駁，只好依命行事。兩年後，我改行從事發明工作，不再畫漫畫，多少與漫畫審查制度有關。

經過這場浩劫，台灣漫畫出現難以彌補的裂縫。基本上，八〇年代後的台灣本土漫畫作品，和我們五、六〇年代的台灣漫畫家，沒有直接的關係，也就是說缺少傳承的關聯，台灣漫畫已造成無法開創自我風格的文化困境，值得有關單位注意。現在的漫畫只能說是一種「舶來品」，年輕漫畫家都是吸收美、日漫畫的養分，本土漫畫已經銷聲匿跡了！想到此，內心就有一股說不出的痛楚！

手型創意畫其樂無窮

在我所創作的漫畫中，幾乎所有的人都認爲「阿三哥與大嬸婆」、「發明趣譚」及「小聰明」，應該是我最暢銷的漫畫。事實上，這些漫畫都很暢銷，但最暢銷的，是一般人想不到的「手型創意畫」畫冊。這是一本專門訓練創造力的小書，頁數不多，但是卻賣得嚇嚇叫，甚至還發行到歐美各國，估計超過上百萬本。這是我事前不曾預料的事。

一九八二年，我在輔仁大學教應用美術，結交不少大小朋友。有一天，體育系的王健次教授問我有沒有興趣飛往香港，教幼稚園老師美勞課程，時間是寒暑假。

這是由香港幼教協會舉辦，邀請台灣多位專業學者到港授課，之前包括體育、音樂方面的人都有，獨缺美勞的老師，於是王健次想到我。王健次是國內兒童體育的推廣人，編寫了很多兒童體育方面的書，成績斐然，台灣兒童體育幼教就是他一手創立的。

我一聽可以到香港與幼教老師一起切磋，機會難得，立刻表示願意前往。香港幼稚園老師大部分都沒有美術基礎，一切要從頭教起。爲了引起學生的興趣，我告訴他們畫人的絕竅：先畫一個圓圈，然後順著圓圈慢慢添筆，把人豐富起來。在我認爲，這是個十分簡單的動作，但是學生都說太難了。

「那麼怎麼樣你們才會覺得簡單？」我向大家徵詢意見，學生也答不上來，後來有學生提議：「可不可以拿手做基礎，順著手型來畫東西，這樣做起來比畫圓圈簡單。」

「這個方法不錯，我來試試看。」這個方法我以前未做過，今天剛好有機會做一遍。於是我把自己的手放在黑板上，順著手的造型，慢慢畫出一隻公雞。同學們大聲讚好，立刻依樣畫葫蘆。公雞畫好後，有同學又問：「母雞怎麼畫？」

她的話馬上觸動我的靈感，這個點子很好，但是我不能在課堂上教。許多發明家及作家都是因爲嘴巴太快，不能保密，把很好的點子，輕易透露出來，最後極可能讓別人捷足先登。我自從事發明工作以來，學會謹慎講話，特別是心中在醞釀靈感時，更是不敢隨便開口。我當下即向學生表示：「妳提到的問題很好，我一時還沒有想到，等想到後再告訴大家。」

回到台灣，我開始研究利用手型來畫畫的可行性，結果發現許多東西，像：魚、青蛙、鳥、兔子、豬、貓頭鷹、熊貓、烏龜、猩猩、孔雀、烏賊，還有大白菜等，都可以利用手型來延伸完成。隔年，我和張淑娟小姐共同主持中視的兒童節目「我愛卡通」，在節目中我特別提到，畫畫並沒有想像那麼困難，每個人可利用自己的手，就可以畫出許多東西。張淑娟讓我示範一下給大家看，我當場利用自己的手畫了二、三種動物，以後每次節目，我都當場示範，以自己的手型來畫畫，愈畫愈得心應手。

等節目結束後，我把這段時間研發出來的結果，出版了一本名叫「手型創意畫」的畫集。全書沒有一個文字，全部是圖畫。推出後，銷路出乎意料的好，每天補書都來不及，十分忙碌。中視文化公司見這本書大受歡迎，問我可不可以把該畫集讓他們出版，中視還可以在電視上打廣告。幫忙促銷，我一聽主意不錯，沒有多做考慮就答應了。靠著中視文化公司廣大的行銷網及宣傳，「手型創意畫」的發行量簡直可以拿「勢如破竹」形容，大人小孩都喜歡，每天都是成捆成捆的賣出去，不停地再版。此書亦成了中視開播以來最暢銷的書。中視請我去領稿費，竟有好幾百萬元，連我自己都嚇一跳。

「手型創意畫」除了暢銷，讀者的回響也很大，不少幼教老師寫信給我，感謝我畫了這本畫集，讓他們不再視美術爲畏途，可以輕鬆教小朋友學畫。還有一位清大教授寫信來說，每當他工作累了，就會拿出這本畫集，依著書中的圖案畫畫，什麼煩惱都丟了。想不到這本畫冊帶給讀者這麼大的效益，這也是當時未曾預料的事。

就在「手型創意畫」大行其道的當兒，坊間的盜版出現了，但我已不在意，因爲有國外出版商與我接洽，將此書推向國際，結果相當順利，各國版本均有，銷售成績比國內可說有過之而無不及。沒有想到無心插柳的行動，竟給我帶來如此大的豐收。

我另一項無心插柳的工作，就是撰寫兒童文學書。以前我一直認爲，畫圖是我的專長，兒童文學非我所能，因此不敢向文學這條路子探索，擔心遭人竊笑。有一次，一位女作家（名字記不清）邀我爲她的書畫插圖。我把書看了一遍，發現並無特殊之地。這種文章我也會寫，而且內容比她寫得還精彩，興起我動筆寫作的念頭。

我記得很清楚，那是一九六六年，我寫的第一本兒童文學書《沒有媽媽的小羌》，就受到聯合國兒童基金會的青睞，不但出版，還將它送到曼谷參加國際兒童文學競賽，結果得到第三名，這是華人第一次獲得這個獎項，沒有人相信這是我的兒童文學處女作。

受到這個鼓勵，我又陸續寫了《小銅笛》、《小畫眉學飛》等兒童文學。我寫的每一本兒童文學都有主題，且具有教育意義，因此，它雖然打著「兒童文學」的名字銷售，卻受到許多家長的信賴，主動買給孩子閱讀。這讓我寫的書也像漫畫一暢銷。

天生就愛開玩笑

我從小就頑皮，碰到新奇的東西，總是目不轉睛地盯著看，瞭解後，腦子裡馬上就有歪點子出現。像前面提到：把教室門板底下的小輪子拆下來，釘在木屐下，充當溜冰鞋，這種例子在我幼年時期不知道有多少。

有一次，我看見爸爸升起炭火，拉起風箱，把挖煤用的十字鎬，丟進火裡燒，燒紅後，拿出來又捶又打，然後放進水裡冷卻，接著再放進炭火裡、再煉、再打，打到十字鎬鋒利爲止。

看到這一幕，我又突發奇想：打一把劍配在身上，該有多神氣！於是我趁爸媽都不在的時候，把廚房裝水的鐵桶，圍繞底部四周的一條鐵條拆下來，照著爸爸煉鐵的步驟，打了一把劍，又砍了段木頭做成劍把和劍鞘，佩在身上，果然威風凜凜。後來被媽媽發現，還狠狠地挨了一頓打；因爲鐵桶底部失去鐵條，平衡度不好，裝滿水容易倒，且不斷漏水。日後媽媽每裝一次水，就數落我頑皮、自作聰明。說起自作聰明，我還眞是當人不讓，常常在困難時，使點小聰明，逢凶化吉。

我住的大山背是個保守又迷信的鄉下地方，不知道從什麼時候開始，家家戶戶很流行貼符咒；只要有點不對勁，就趕快去求一張符回來貼在門外，可鎭邪驅魔保平安。那時候死一頭牛，比死一個小孩還嚴重；因爲牛會拉車、犁田，小孩只會吃飯花錢。一旦牛生病，全家人都緊張，馬上去求張符回來。因此，會畫符的人，不但受到鄉里村民的尊重，家家都爭著請他畫符。

我家養的牲口不少，需要的符也特別多，舉凡豬、牛、雞、鴨、鵝有點不對勁，食量減少，爸爸就會催我到他結拜的同年爺那裡，討一張畫符回來貼在門上。有一次，家裡的牛生病了，爸媽急得不得了，要我趕快到同年爺家求一張符。

同年爺的家離我家甚遠，來回要走半個鐘頭，我利用下了工的傍晚時間跑去。同年爺是個十分風趣的人，愛喝茶、愛聊天，幾盅入口就和朋友說個沒完。聊夠了，才拿出筆墨，愼重其事地在一張紙錢上，大筆一揮。那天我等到天黑才拿到符，急忙往回程趕。天黑加上沒有燈光，一路走來跌跌撞撞，途中還要經過一座樹林和墳場。白天不覺得有什麼異樣，到了晚上樹林竟傳出各種稀奇古怪的聲音，擾得人心驚！

經過墳場時，我全身的汗毛不由自主地豎立起來，人也變得緊張兮兮，兩隻眼睛四處觀望，擔心有什麼東西突然跑出來。

愈害怕，行動愈遲緩，一不小心，被一棵傾倒的樹枝絆倒，嚇得我驚叫起來。從地上爬起，飛也似的朝回家的路上跑。快抵達家門，才發現手上握的符不知何時己破了，符上的筆跡也變得模糊不清。

「這下糟糕了！待會回去鐵定會被爸爸責罵！」怎麼辦？回去再向同年爺求一張，可是一想到要穿過墳場，心裡就直打哆嗦！就在進退維谷間，我發現同學阿林家的煤油燈還亮著，於是我靈機一動，敲開阿林家的門，拜託他給我一張紙錢，並請他幫我磨好墨，然後我就照著同年爺給我的符，依樣畫葫蘆。畫好後，左看右看，都覺得不輸給同年爺。

我把符交給爸爸，他看也不看，立刻把它貼在牛欄前。

「南摩觀世音菩薩，千萬要靈驗，萬一被爸爸發現是假符，不把我揍死才怪！」我在心裡不斷向菩薩祈求。

第二天天剛亮。我就迫不急待地跑到牛欄前，發現牛的鼻子比昨天潮溼了許多，精神也好多了，心中的巨石才落了地。從那時候起，每當爸爸叫我到同年爺家求符，我就跑到阿林家玩，等時間到了，才趕緊拿出筆墨，胡亂在紙錢上畫幾筆，拿回去交差，從未被爸爸識破。有一天，阿林媽氣喘吁吁地跑到我家，拜託我畫一張符，原來她家的豬生病了。幸好當天家裡只有我一個人在，於是我拿起紙筆，迅速畫了一張符給她。畫完後我也忘了此事，直到幾天後，阿林告訴我，他家的豬已經好了。

「眞的嗎？」我不敢再往下說，擔心馬腳會露出來。這件事就這麼一傳十，十傳百的宣揚出去，村裡的人都知道我會畫符，而且十分靈驗。隔不了多久，我家一下子湧來好幾個求符的村民，指名要我爲他們畫一張符，那天爸爸在家，他不相信自己的兒子會畫符。我一見情況不妙，偷偷從後門溜走。

晚上爸爸問我，從哪裡學會畫符？我不敢隱瞞，一五一十把實情說出來。爸媽聽了，笑彎了腰，把眼淚都笑出來。

「你眞是自作聰明，也不怕被人家拆穿！」爸爸說。

「不過你也眞有天份，想出這個辦法，連我們也被你騙了。」媽媽說。他們都沒有怪我，反而說我實在是頑皮。

除了頑皮，我還喜歡捉狹別人，開個不傷大雅的玩笑，這個習慣直到今天依然未改。也因爲如此，有媒體稱我是「老頑童」。我很喜歡這個稱號，接下來我就來講一件趣事。

我任教的永樂國小位在舊社區，發展有限，幾年下來，人口逐漸向新興的中山區、大安區遷移，學生人數也減少，學生少老師也跟著縮減，多出來的調到其他學校。但是大部分的老師已在當地結婚生子，也買了房子，牽一髮動大局，大家都不願意調動，讓學校很爲難。於是我自告奮勇，自願調到長春國小。

當時我的環境已好轉，不但有私家汽車，還有司機，據說，我是全台灣第一個有私家車的老師。

報到當天，我故意叫司機穿得體面些，假扮成我，坐在後座；我則裝成司機，由我開車。到了校門口，校工一看，有個人坐著汽車，還有司機，以爲是教育局長來了（當時只有局長有車），這下不得了，立刻大呼小叫的奔走相告：「教育局長來啦！教育局長來巡視啦！」一時間，整個學校彷彿刮起一陣狂風沙！

校長緊張不已，以爲局長來抓惡性補習，連忙叫人通知各班老師，老師接到命令，嚇做一團，手慌腳亂地指揮學生，趕快把參考書藏在講台下面，免得被教育局長逮個正著！師生頓時陷入雞飛狗跳。這一幕全部收在我的眼底。

當我從車上下來，表明是新來的老師，校長黝黑的臉，氣得轉爲紫紅，狠狠地數落了我一頓！

我初進長春任教，發生一件事，這件事與錢有關。前面提到，我此時環境甚好，每個月領的薪水我都原封不動，隨手往保險櫃一丟。直到需要時再去取。有一天，我進辦公室發現會計小姐在哭，問明原委，才知道她一時疏忽，錯把兩個老師的薪資放在一個袋裡，問了好多老師，大家都說沒拿，因此要由自己賠償。我當時剛到學校不久，很多事情要交辦，沒有把此事放在心上。

幾個月後，我打開保險櫃，準備拿一點錢出來，無意間發現有一袋薪水特別厚，比我每個月的薪水足足多出一倍，我突然想起那位會計小姐，「一定是她把兩個老師的薪水放在我的薪資袋裡。」當天，我就把多餘的錢還給會計，並告訴她經過。

會計小姐聽了，淚流滿面，不斷感謝我的好心，她說，此事已經過了這麼久，她也賠了錢，心中已不抱希望了，想不到還能失而復得。這筆錢對她非常重要。

十二年前，我移民美國，但經常返台。有一次，我跟友人到重慶北路的一家銀行換美鈔，這家銀行規模不小，但每個櫃台的小姐都扳著面孔，沒有一點笑容，整個銀行陰沉沉的。在美國上銀行是一件愉悅的事，工作人員客客氣氣，顧客離開，他們還送出門。

我很不習慣銀行這種冰冷的氣氛，於是告訴同行的友人說：「我來逗他笑好不好？」

「開什麼玩笑，他們每天都是這樣。」朋友一幅不以爲然的口吻。我決定拿出我的搞笑本領，當小姐把一疊疊美鈔交到我的手上，我數了一下說：「不對。」

「怎麼不對？」小姐立刻拿回去，重數一遍，再交給我：「沒有錯，你再數一遍。」

我拿回來重數一遍，告訴她仍舊不對。她又拿回去，很仔細地再數一次，然後交給我，我仍說不對。這樣來回幾次，她有點火大，大聲說道：「哪裡不對！我數了好幾遍！」所有銀行的人都朝我們這邊看。

「是不對啊！」我以十分委屈的口吻說：「那個鈔票上的人像，爲什麼是富蘭克林，不是我呢？」一時間，整個銀行哄堂大笑。在笑聲中，我聽到有人說：「怎麼有這麼笨的人！」「他想美鈔想瘋啦！」

走出銀行大門，我覺得全身愉快，特別是剛才看到大家敞開心胸大笑的神情，格外令我高興。人生不愉快事十之八九，有機會能夠開懷大笑，不也是人生美事一樁嗎？

老友如陳酒，愈陳愈香

文學大師梁實秋曾寫一篇名為〈舊〉的文章，裡面有這麼一段：「我愛一切舊的東西——老朋友、古書、古樂、陳釀、舊習俗……」，相信很多人都有同感，舊的事務之所以可愛，往往是因為它有內容，能喚起人的回憶，可以說，許多事務都是愈老愈古愈陳愈好。這裡面開頭就提老朋友，可見老友對一個人的重要。

從我讀書起到踏入社會工作，碰到不少氣味相投、赤誠相待的朋友，我的人生也因為有這些朋友的參與、相助，顯得趣味盎然。儘管「長溝流月去無聲」，但是彼此的情誼永遠長存；不論月圓月缺，也不管日後分處各地，內心時常惦記著他們，我想這就是梁大師文章所說的：「老友如陳釀，愈陳愈香」吧！

陳文獅是我永樂國小的同事，他也是台北師範畢業，比我高二屆，是我的學長，我進永樂時，他已在該校教了兩年。我和陳文獅的背景有許多相同處：我們都是來自貧窮的家庭，一切都要靠自己，其次，我們都不喜歡逢迎拍馬屁，寧願不升官，也不向人諂媚，但是，碰到困苦的人，一定想辦法幫忙。這種個性，極不得校長的關愛，因此，把我們列爲「不受歡迎的人」。

那時候我們都還未婚，吃飯還好解決，晚上睡覺卻是一個大問題，爲了省錢，陳文獅自願每天幫老師值夜班，每天可睡在值日室；我則睡在辦公室的桌上，早上起來，再把棉被藏在桌下。

有一天，學校發生火災，有人趁黑夜，將教室的課桌椅疊在一起引燃。教育局派人來調查，發現每天晚上都是由陳火獅值夜班，其他人都不用值，下令學校要遵守規定，不能由某一個人固定值夜班，每個男老師都要值（女老師值日班）。

陳文獅不能再睡值日室，我在辦公室拉起蚊帳也不時遭人非議，最後，二人擠到學校的儀器室暫住。我們在儀器室後面，拿木板隔出一個小空間，剛好可以放兩張床，一張桌子，房子雖小，又沒有窗子，但我們已經很滿足了。除了上課，大部分的時間我們都留在那裡。

那張桌子有三個抽屜，我們各分一個；左邊是我的，右邊是文獅的，中間的共用。那時候我開始畫漫畫了，經常要使用桌子，文獅也不跟我計較，通常他都坐在床上。我們很節省，賺來的錢捨不得亂花，我賺的稿費就往抽屜一丟，文獅賺來的補習費也往他的抽屜一放。隔了一段時間，我無意發現中間抽屜塞滿了錢，我以爲是文獅的，文獅以爲是我的，二個人都不承認錢是自己的。

最後還是文獅提議，把這筆錢拿去買土地，當時劍潭的土地一坪才四十元，我一幅漫畫稿費就有三十元。但是，我們的運氣都不好，被別人坑得很慘！

賺的機會有限，從這件事不難發現，文獅是有理財、投資觀念，不像我只會畫漫畫，搞發明。

文獅是級任老師，教學認眞又盡責，很得家長的信任，逢年過節經常會收到家長送來的禮物，大部分是吃的東西，他總是拿出來與我共享。有一次端午節，家長送來一隻烤雞給他，白天我們都忙著上課，沒有時間共享。等晚上回小屋，準備大快朵頤時，烤雞已經發臭了。這種情形不知道發生多少次。雖然沒有一次吃成功，但是我仍然很感動，有這麼一位同甘共苦的朋友。

五年後，我結婚搬出小屋，文獅十分不捨，還掉下眼淚。當時我與內人都知道，文獅對學校的陳金英老師很有好感，金英對他的印象也不錯，但二人都很內向，不敢表露自己的情意，我跟太太決定撮合這對有情人。

我們請他們吃飯，並安排他們到植物園談心，二人還不敢同坐一輛三輪車，擔心蜚言流長。金英坐一輛三輪車先走，文獅坐另一輛尾於後，結果竟然追丟了。文獅不敢到金英家致歉，匆忙跑到我家，寫了一封信要我太太交給金英。

金英最後決定嫁給文獅，但是她的寡母並不同意，嫌他沒有錢，又是外省人。訂婚當天，金英的家人硬是擋在門口，不讓我們把聘禮抬進去，場面十分尷尬！

我也顧不得禮貌，帶著文獅硬往裡衝，好像搶親似的，把金英交到文獅手中。文獅在永樂國小做到退休，之後曾到我的公司幫忙，他擅於投資，買土地賺了不少錢，十年前移居洛杉磯，離我家有七個鐘頭的車程。他有三男一女，與我的三女一男剛好相反。想起以前我們在永樂同事的時光，彷彿是昨天才發生。

曹俊彥也是我永樂的同事，同樣也是北師藝術科畢業，比我低七屆。

曹俊彥的媽媽王粉是我太太的小學老師，平時常有來往，我們談戀愛，她也知道，且很支持。我們結婚特別請她當媒人，她很高興。日後逢年過節，我都陪著太太去看王粉老師，有了小孩還帶著孩子一起去。

沒有想到曹俊彥畢業後也來到永樂任教，他也跟我一樣，不喜歡教級任，只專注教美術，由於彼此性格極為相似，因此，十分要好，到哪裡都結伴而行。每次校長指派我做事，明明不關曹俊彥的事，他會主動幫著我做，為我省了不少時間。

我們都喜歡釣魚，經常利用星期假日，帶著便當，搭清晨第一班公車，到小格頭的鯉魚潭釣魚，一去就是一整天，直到最末一班車才回來。我雖然比曹俊彥大幾歲，他卻處處讓著我，每次釣魚，他都是叫我先挑位置，等我坐定後，他才隨便選個位置。有時候我的釣鉤幾個小時都沒有動靜，而他卻頻頻有魚上鉤，石斑、溪哥都有，這個時候曹俊彥會把位置讓給我，自己再找個地方，繼續垂釣。

我們也經常去海釣。在淡水附近有一隱密的海灘，海水清澈見底，海底盡是鵝卵石。夏天我們把腳泡在水裡，沁涼心脾，我們一邊吃便當，一邊釣魚，神仙都比不上我們快樂。

曹俊彥具有藝術家的氣息，從不與人斤斤計較。他也是個十分固執的人，他不喜歡做的事，拿再多錢給他，他也不幹。我在從事發明工作時，不時會有廠商請我捏些東西，我因為太忙，做不出來，曹俊彥得知，主動幫我代勞。他不只畫圖好，捏陶的手藝也是一流的。廠商並不清楚，知道不是我做的，故意在曹俊彥的面前嫌東嫌西，說這裡不行，那裡不好，廠商的心態是「有嫌才可以殺價」，明明做得不錯，他也要硬扯出一些缺點。

這些話聽在曹俊彥的耳裡，十分刺耳，如果是平時，他一定馬上把作品毀掉，要對方另請高明，老子不稀罕！

但他是代我做的，不能發脾氣，只好賠著笑臉說：「這樣好啦！我是幫劉興欽做的，你就不用多說，也不要付錢給我，如果你要付就付給劉興欽。」老板十分吃驚，隨便說了兩句，對方居然一個錢也不要。當他把這件事告訴我，仍不可置信地說：「有這種人呢！不要錢，他不知道錢可以買米嗎？」我立刻回他一句：「他怎麼不知道？人家有骨氣，寧願餓死，也不希望自己的作品，被別人東嫌西嫌。」

離開永樂，曹俊彥到台中師專進修，畢業後到大同國小任教，後來他辭掉教職，轉到「兒童讀物編輯小組」。隔了一段時間，他又接下信誼兒童基金會總策劃的工作，最近幾年，才正式成為專業插畫家。與曹俊彥一起工作、一起垂釣的歲月雖然已經遠了，但是，那分情誼卻永遠長存心頭，梁大師說得對：「老友如陳酒，越陳越香。」

我妻我女我子

一九五四年，國內流行一首國語歌曲，叫「光棍苦」，由男女生對唱，女生譏諷光棍可憐，沒人給光棍燒茶煮飯，也沒有人給光棍補衣裳，死了也沒人到墳前哭一場。聽在我們這些找不到老婆的人耳中，心裡眞不是滋味。

在我那個年代，娶老婆是一件滿困難的事。一九四九年，國民政府自大陸撤退來台，帶來了許多外省人，男生佔了大部分，這裡面沒成家或太太在大陸的比比皆是，突然女生變得不夠分配，大家都爭著搶，迫使女生結婚的年齡往下降。我有一個剛滿十四歲的妹妹，就嫁給一位大他三十歲的軍人。我的情況也不太樂觀，一來是家裡窮，二來我又是客家人，這兩個不利的條件，使我找起老婆來倍感吃力。

台北師範畢業後，我以第一名的成績分發到台北永樂國小，班上大部分的同學都被派到鄉下，只有前兩名的可以依照志願分派，我選擇台北做我擔任「樹人」的地方。

剛到學校，我就發現學校的光棍特別多，能夠近水樓台交往的女老師少得可憐。無論任何活動，男同事都踴躍參加，無非是想找個結婚的伴侶。有一次，班上同學舉辦家庭舞會，結果男生來了二十餘人，女生只有三位，男生爭著請他們跳舞，三個女生應接不暇，大感吃不消，直到十點男生還捨不得結束，直到主人下逐客令才打道回府。爸爸一生對我沒有什麼特別要求，唯一的願望，就是希望我能娶一位當老師的媳婦。在他心目中，老師的地位高，在親朋好友面前提起來又有面子，再理想不過。爸爸曾中意一位比我大十歲、曾經教過我的小學女老師，還帶我去相親。怎奈我們都沒有中意對方，枉費爸爸這番心意。

從進入永樂執教起，我就開始注意學校的女老師，希望能找一個廝守終生的伴侶。但是，我的條件太差，人又長得不出色，儘管年年有女生分配到永樂國小，沒有人看得上我。第一年，我在極失望的情況下度過了，第二年的情況也是如此，我有些緊張，擔心要打光棍一輩子。第三年，學校來了六位女老師，光棍們一陣大騷動，個個磨拳擦掌，準備出招。在六個女老師群中，我一眼就相中美麗、靈巧的黃淑惠老師，以前看到女生就會害羞的我，這次也一反常態，不斷找機會與她搭訕，希望受到佳人的青睞。

我相信「機會」是長著翅膀的，你不捉住它，它就飛了。每天我不斷告訴自己；「要積極！要主動！不然黃淑惠就被別人搶走了。」

經過我初步打聽，得知黃淑惠畢業台北女子師範，成績相當優秀，爸爸是公務人員，家就住學校附近。之後我又得知，黃淑惠小學就是永樂畢業的，女師畢業依志願分到母校任教。當年教她的老師，不少仍在永樂任教，「師生」見面格外親切，大家都說她是回娘家。不久我打聽到黃淑惠的地址，刻意在她返家的路上等她，想陪她一起回家。未料，一些不利我的流言，已傳到她的耳中，他們經常掛在嘴上的一句話就是：「劉興欽連個房子都沒有，又是客家人，將來怎麼養老婆！」不僅如此，與她同時分配到永樂的五位女老師，還組成一個護衛團，每天下課後陪著她回家，看到我就繞道而行，臉上還表現出一幅「癩蝦蟆想吃天鵝肉」的神情，不讓我與佳人親近。

黃淑惠有個姊姊已出嫁，姊夫是個有錢人家，住的是五層高樓，黃淑惠與姊姊很親，有時會去到姊姊家聊天。為免遭其他人阻擋，我變更策略，不再守在路旁等她，改在她姊姊住的大樓附近等候。記得那是一個初冬的夜晚，天氣已經轉冷了，我一個人站在大樓對街等待佳人，一個小時過去了，接著兩個小時也過去了。佳人還沒有出現，我不灰心，站在原地走來走去，前後轉了不下上百個圈子，喝了一肚子冷風，終於看到黃淑惠從大樓走出來。她看到我嚇了一跳，問我等了多久，我不會撒謊，據實告訴她：「四個多鐘頭。」她沒有想到，這個皮膚黝黑，渾身散發著濃濃土味，被同事譏爲「蕃仔」的窮光蛋，竟然有一顆溫柔、體貼的心，不像旁人形容的如此差勁。因此，逐漸打開布滿蛛絲的心扉，不再理會旁人的閒言閒語，開始與我交往。

我雖然以第一名的成績分發到永樂國小，但是，未蒙校長的重視，他沒有派我做級任老師，只負責教美術。我沒有半點怨言，努力做好自己的工作。當時尚未實施九年義務教育，初中（即今天的國中）是用考的，小學五年級就開始補習，許多老師都爭著要擔任級任老師，主要是可收補習費。只有我不去爭取，專心做一個美術老師。這也是黃淑惠欣賞我的原因之一。

交往久了，漸漸生出感情，當時我已開始畫漫畫，有了知名度，淑惠不時幫我潤飾漫畫中的文字，她的中文底子佳，經她修飾後，文辭變得更加靈活。書出版後，市場反應熱烈，我的收入節節上升，手頭的積蓄愈來愈多，有了成家的念頭。

淑惠出生在一個大家庭，共有兄弟姊妹八人，她排行老二，當她把我介紹給家人時，祖父第一個舉手反對，理由是：黃家的女兒，從來沒有嫁給客家人的，爲什麼要開這個例子。這下糟糕了，要說服老人家不是一件容易的事，只好忍耐。

淑惠的母親非常喜歡我，認爲我爲人忠厚老實，又肯吃苦耐勞，將來會是一位好先生。她知道我都是在外面搭伙，中午經常叫淑惠的妹妹給我送便當，碰到家裡加菜，也會算我一份，令我十分感激。我們一直等到淑惠的祖父過世後才結婚，此時離我們相識的時間整整三年。

喜宴當天，我預計開二十桌，沒有想到來了二十五桌的客人，多的五桌都是我不認識的人，他們不只白吃白喝，還希望拿點小費。有個拉三輪車的車伕，故意到收禮台前看收禮簿，發現哪個來賓送的禮金多，就說那是他載的客人，要求給小費。如果不付，他就要找人來鬧，說我們欺負拉車的。

這是從何說起，當時我正忙著招呼客人，冷不防被拉到外面處理這個問題。還弄不清楚發生何事。爲了怕影響到客人，只好花錢消災。說實在，當時我眞羡慕一些在地的朋友，有眾家兄弟姊妹幫忙打點，不用新郎倌煩心。不像我，什麼事情都要一手包辦，即使做了新郎，還要處理雜事。但是，也因爲如此，養成我凡事自己動手，有問題就想辦法解決，不依賴他人的個性。

爸爸在我做了老師的第二年過世，他一生勞苦，晚年身體變得很差，躺在床上的時間多，沒有享兒子半點福，就連他殷切祈盼的娶媳婦一事，也未親眼目睹，提起來就讓人傷心。結婚不久，我帶著淑惠到爸爸的墳前告訴他，兒子眞的實現了他的願望，娶了一位賢淑的老師做他的媳婦。如果他地下有知，當會含笑九泉。

淑惠的確賢慧、能幹，又有耐心，是我人生旅程中的好伴侶。在我漫畫、發明的領域中，淑惠亦是我最佳的工作伙伴，每次不管完成什麼作品，第一個就是請她過目，淑惠思考愼密，常常發現我沒有看到的問題。我的創作因爲有她參與顯得更加圓滿。

說起耐心，淑惠是一等一有耐心的人，婚後沒有多久，孩子一個個出世，我因忙著漫畫，之後又全心投入發明的工作，無心再做其他事情，管教孩子的工作全部由淑惠負責。她自己還要教書，下了課趕快回家，一面做飯，一面幫孩子溫習功課，只見她一會在廚房，一會到書房，沒聽過她叫一聲累。

早期我的漫畫單行本都由報社刊載完後，自行印製。一九六五年十月，青文出版社與我聯繫，表示要出版兒童刊物，進軍國小，希望我幫忙畫漫畫，我才開始轉向青文。

我之所以會答應青文，主要是老板稱他在調查局上班，我在新生報刊載「桃李春曉」發生問題時，他也看到這個案子，基於同是新竹人，拉我一把，才把大事化小。

從《破布的洋娃娃》開始，接著《小聰明》系列，到《機器人報恩》，前後三年，我爲青文出版好幾本漫畫，本本賺錢。

當時版稅是照定價抽取十分之一，因爲盜版充斥，於是我派人在封面印好後，再蓋上我的章，以此計量。這一點，青文老板很不高興，儘管我的書都大賣，每次去領版稅時都會被他指責一頓，嚇得我不敢去領，叫淑惠去，同樣被罵！

我們考慮長期爲人做嫁，也不是辦法。一九六八年十月八日，我和淑惠成立「興欽出版社」，並創辦《興欽畫刊》（每周出刊），這本每周出版的雜誌，共有八十二頁，其中六十四頁漫畫，由我一手包辦，另外十六頁接受投稿，內容有〈你知道嗎〉、〈郵票蒐集〉等文字稿。除了自己的《興欽畫刊》外，我還要幫台灣日報編星期畫刊。那段時間是我們最辛苦的時候，每天忙到深夜二、三點才上床，白天還要上班。淑惠比我更辛苦，所有的編務全部由她擔綱，她還要負責叫紙、印刷、裝訂、發行等工作。每星期六淑惠利用「課間操」（第二、三堂課中間休息做體操的時間）跑回住所，處理發行工作，再匆匆趕回學校。《興欽畫刊》前後做了五年，我們從外行做到內行，別人都不敢相信，這份畫刊就靠我們倆個撐起來。應了那句「兩人同心土變金」的古話。如今回過頭來，檢視這段日子，連我自己也不敢相信，我們竟攜手走過如此輝煌的歲月。坦白說，如果沒有淑惠，我是扛不下這份艱巨的工作的。

爲了瞭解孩子在學校的學習課業、交友、活動等狀況，淑惠在晚餐後，安排了家人的「TeaTime」，讓孩子無所不談，爲孩子解答疑難。孩子如遇到挫折而氣餒，她總是全力協助，盡量鼓勵，從不厲言相向。等孩子睡覺後，接著又要幫我忙到深夜。假日從不出門，在家全程陪伴孩子。

我因爲從小養成危機意識，結了婚有了小孩，危機意識更重；出門旅遊，夫妻都是分開坐，避免搭乘同一輛遊覽車，以免發生意外，小孩無人照顧。也因爲這個因素，碰到夫妻同遊的時候，淑惠總是對我說：「你去玩，我在家帶孩子。」

她是一位全年無休的媽媽，也是一位全年無休的太太，如果我在創作上有任何成就的話，有一大半是屬於她的，我眞的感謝她，感謝她爲我，爲這個家，不遺餘力，奉獻一切。

我還要感謝我的岳母——黃菊，她是世界上難得一見的大好人，每天辛苦地做家事，從不讓子女插手，知道女兒中意我，又把母愛撥一部分到我身上，像照顧自己兒子般地照顧我。爲我做了許多事，從不要求報酬，即使逢年過節，我給她的紅包，她還要想辦法買些珍貴的補品還送給我，直到今天還是如此。

八十多歲的老人，提著大包小包的東西，爬著樓梯送到我家，令我十分不忍。我說了不曉得多少次，請她不要如此費心，這些東西我都會買，老人家就是不聽，並說她喜歡做這些事情。眞不曉得我是哪一輩子修來的福氣，得到這兩個女人竭盡心力、無悔無怨的照顧，即使我說了一千遍感謝他們的話，也不能表達我心中的謝意於萬一。

我的兒女也是我此生的福氣；他們都是在台灣畢業後再赴美進修，接受西方的洗禮，個個都有不錯的成績。大女兒在美國當醫生，二女兒是商業設計師，三女兒是律師、現任台灣花旗銀行副總裁，小兒子在美國讀電腦碩士。

這些年，經常有記者訪問我，當他們看到我爲兒女取的名字，都忍不住哈哈大笑：「怎麼都跟酒名有關。」並問我是不是很愛喝酒？

我是個滴酒不沾的人，卻爲女兒取了與酒同音的名字，說來也是一種創意。早年我常覺得許多人的名字太俗氣，聯考放榜時，同名同姓的一大堆，分不清誰是誰。有一個響亮的名字，別人很快就能記住，我從來不信算字劃這一套，取名字好記好玩最重要。我覺得外國酒名唸起來就好聽，所以選用外國酒來取名。大女兒出生時，我爲她取名蘭地（白蘭地），二女兒叫香彬（香檳），三女兒是威琪（威士忌），兒子出生時，我為他取名「劉五皮」（五加皮），想不到他很頑皮，長輩們說，就是取了「加皮」才會頑皮的，所以沒有多久，我又為他取名劉海岳，這與我喜歡登山，又愛潛水有關。

從事幼教工作多年，經常會碰到家長問我如何管教子女這個問題。現代人的教育有一點偏差，人的大腦有左腦和右腦，右腦比較偏重創造力，發明家、藝術家的右腦比較發達；左腦是記憶，很會讀書，過目不忘。

馬克吐溫曾說過：「一個人如果沒有創造力，光會讀書，考試拿第一，那個人沒有什麼用，知識就是要不斷應用。我教小孩讀書從不強迫他讀，而是教他自己動腦筋，腦筋愈動愈聰明。其次，我會注意孩子的性向，鼓勵適合他的方向發展。

以我的兒女為例，老大從小能吃、能睡，有一次，她生病，媽媽給她煎了服中藥，中藥裡有曬乾的四腳蛇，她照喝，最後竟連藥渣及四腳蛇一起嚼碎吞到肚裡，旁邊的妹妹看了嚇得尖叫，大女兒居然泰然自若。媽媽不小心割傷了流血，老大告訴媽媽，這是血管破裂，包紮止血就沒事，但老三一看就頭暈，連站都吃力。

這一切都看在我的眼裡，老大雖然是女孩，卻膽大自信，因此在讀書選系時，我就鼓勵她讀醫科，日後她果然在美國攻讀醫學博士，現在是兒童精神科醫師。老三很聰明，邏輯觀念強，但是膽小，所以鼓勵她唸法律，老二會畫畫，遺傳我的基因較多，所以選藝術系，現在從事商業設計，兒子對電腦動畫有興趣，還在舊金山攻讀碩士學位。

現代學校教得太多，沒有機會讓孩子動腦，導致許多小孩子什麼事情都不會做。你罵他，他就說，老師沒有教，好像不會是應該的。以前人說：「有樣看樣，沒樣自己想」，現在的人比較缺乏想像力，也不願傷腦筋，依賴性強，最好什麼都有人先想好，我撿現成的。我現在看到許多國、高中學生，下了課還要參加補習，每天忙到晚上十點多才回家，第二天，一大早就趕到學校，兩頭不見日光，好像不補習，人生就完蛋了！最令人不解的是，明明讀得這麼辛苦，大家還說，現在學生的程度比以往差多了，這裡面究竟出了什麼問題？沒有人想辦法改進。

我的小孩從來沒有參加補習，回家後我也沒有看過他們的成績單，每次回來我就問他們：「學校有沒有發生好玩的事情，講給爸爸聽。」他們就會說一些有趣的事，後來愈說愈精彩，這就是訓練口才。

從小我就培養孩子要有責任心，遇事不能全部讓大人為你擔勞。有一次，兒子準備出外旅遊七天，當時他養了一條狗，擔心狗沒有東西吃，拜託我們幫他餵，我說，不可以！當初兒子決定要養狗，我們就言明再三，由他負責，不要麻煩爸媽代勞，他也同意，現在，怎麼能爲了自己去玩，就要爸媽幫忙，你的責任感呢？兒子想想也對，最後自己設計一個自動餵狗器，每隔幾小時狗食就會自動跑出來，他的愛狗也存活下來。孩子不能有推辭，也不能有依賴。

四個兒女雖然分居各地，但是，經常有聯絡，對我也很孝順。前幾年，我在美國閒來無事，發現當天是我生日。平常我是不過生日的，孩子也都清楚，那天我突發奇想：「如果哪個兒女記得我的生日，打電話來向我祝壽，我就給一百萬元。」這事我只先告訴太太。

果然不出所料，沒有人記得打電話回來，後來我把這件事情告訴他們，隔年，所有的孩子都打電話來了。可惜那一年的遊戲規則改了，「沒有打電話的才能獲得百萬獎賞。」獎金再度摃龜。儘管他們沒有得到任何獎賞，仍然很高興，因爲這個老爸實在有創意，又愛搞笑。

差點做了海龍王女婿

我從小就和山、水結下不解之緣，愛爬山：玉山、雪山、合歡山、大霸尖山，什麼山都爬過。又愛釣魚，溪釣、磯釣、湖釣、船釣、海釣，什麼「釣」都釣過。還喜歡游泳、潛水，凡是與水有關的活動，我都喜歡，一度還迷到瘋狂的地步。徜徉在好山好水，心情再舒服不過，那是一種融入、開放、一體的感覺，什麼都不想，陶醉在裡面，身心再暢快不過。

那時候我每周要出一本漫畫，周日還要幫報紙編一個漫畫周報，時間壓力很大，但是為了滿足釣魚的慾望，我把工作集中，一天畫二十四張。密集工作，一周的稿量，兩、三天就搞定，雖然辛苦，但很快樂，有個休閒的期待，工作會更加賣力。

一九七九年，我無意間在報上看到，中華潛水協會會長潘秀明要開訓練班，訓練潛水人員，地點在華興中學游泳池。我好興奮，立刻跑去報名，受訓三個月，取得執照，當時我還組了一個「泥菩薩救難隊」，標榜「見死不救，只救活人」，但是，很少救到活人，都是被叫去幫忙撈屍。那是一件非常辛苦的事，一般人害怕不願做，我也害怕，但是想想，有了潛水執照又不救人，不是白拿！

我就是參加潛水訓練，從此迷上潛水。潛水，有遠離凡塵世俗之感，一頭潛下去，就成兩個世界，一陰、一陽，沒有人際關係的干擾，盡情欣賞自然生物的美感；況且海底生物多半沒有殺傷力，看它們悠游自在，眞是人生一大享受。

我第一次下海是在夜裡，弄不清楚東南西北，差點回不來了，儘管危險，但是海底的世界太美了，彷彿來到仙境，還可以抓龍蝦、射魚，簡直跟天堂一樣。迷上潛水後，我放棄爬山和釣魚，但是，潛水需要重裝備，危險性較高，爲免家人擔心，我改爲浮潛，每次都玩得樂不思蜀。甚至還與人合伙買下一艘船，想去嘗試「乘長風，破萬里浪」的生活。

事情的經過是這樣的：與我同在中華潛水協會受訓的五位成員，合買了一條漁船，準備嘗嘗出海的滋味。這是艘老式的近海漁船，使用柴油發動，可以到菲律賓、日本一帶捕魚，裡面沒有通訊設備。當時還是戒嚴時代，只有船東可以出海。五個人到戶政所申請一下，把職業改成船東，領到證明就準備出海。

等一切都弄妥當，其中一人表示沒有錢了，要退出，他們找到我。我一看名單，有潛水協會潘會長潘秀明，他曾多次出海，捕過魚，又辦潛水訓練班，經驗豐富，應該沒有問題，當場表示願意參一腳。人數決定後，大家又湊錢買了一條一公里長的漁網，同時請了一位大陸船長幫我們開船，他還帶了一個高手來幫忙。每個人都興致勃勃，期待啓航的日子快點來。漁船出發前一天，心情高興得要命，匆匆忙忙與另一位成員林文燦上街，隨手買了幾個橘子、五瓶養樂多，我們都以爲潘會長會準備一切東西。

五個船東外加船長及他的朋友，七個人從淡水港出海，那晚的天候不佳，氣溫又低，老漁船發動好幾次都無法啓動，其他漁船早就走了，只剩我們這艘還留在原地。經驗老到的船長勸我們不要出海，但大家都在興頭上，怎麼肯輕易打退堂鼓。折騰好一陣子，船終於出海了，心頭的焦慮才緩和下來。

等船開到台灣海峽，船長叫我們趕快撒網，才下到一半，船突然停駛了，原來機器發生故障，不能動了，最糟糕的是，連電也沒有了，此時東北風吹得呼呼價響，海水也不斷打進來，在一片漆黑下，大家又暈又吐，在船上滾來滾去。

在一陣慌亂中，有人叫船長重新發動，船長說，重新發動要用高壓氣瓶，找到高壓氣瓶才發現沒充氣，根本派不上用場。好在我們都穿著防寒衣，不怕濕、不怕冷，還能撐一段時間。此刻最重要的就是趕快把打進的海水舀出去，否則不要多久，船就會沉下去了。

驚慌加上暈船，每個人都疲憊不堪，連爬起來的力氣都沒有。輪到我去舀水時，眞是痛苦不堪！我邊舀水邊祈禱，希望天趕快亮，天亮就有漁船會發現我們。沒有多久，我竟迷迷糊糊睡著了。

夢裡不知身在何處，只覺得四周籠罩在輕煙中，好像到了天堂；「我死了嗎？不然爲什麼會到天堂！眞好啊！不要再去受那些罪！」也不知道過了多久，我睜開雙眼，發現四周還是黑漆漆的一片，船長說，我們已在海上漂了兩天兩夜。我掙扎著爬起來，找到上船前買的五瓶養樂多，三個麵包，還有一桶蒸餾水，我叫大家吃一點，留點力氣好求救。潘秀明聽到我提到水，立刻抱歉的說；「剛才不小心，把水踢翻了！」

雖然期待被救，但心中卻有意無意想到「死亡」這個問題，風浪這麼大，沒吃沒喝，想逃命都沒辦法。七個人本想東北季風太強，我們實在沒有力氣挺住，只好躺在船艙，任它東搖西晃。漆黑中，有人開始述說獲救的方法。船上最有錢的就是做鋼珠生意的林文燦，大家第一個想到他：「你這麼有錢，你太太發現你沒有如期返家，會不會派直升機來救你？我們現在全靠你啦！」

林文燦立刻坐起來，黑夜裡看不清他的臉色：「你們沒有看見嗎？我是穿了西裝出來的，我騙太太出來打麻將，她怎麼會想到我偷跑出來是為了出海！」

經林文燦一說，其他的人也坦承，此行是瞞著太太，其中也包括我在內。平常我很少瞞太太什麼事，剛開始浮潛，她擔心我有危險，還跟著我去。這次出海，我怕她問東問西，隨便胡謅個理由就跑出來，想不到竟困在海上。家人還不知道我出了狀況。想到這裡，忍不住悲從中來。

愈說心情愈沉重，到後來我們都認為，可能會葬生海底，但又期待奇蹟出現，突然有人提出：「萬一獲救，你有什麼心願。」是啊！即使處在危險中，也要懷抱希望。

有人說，如果他獲救，一定要連請三天客，慶祝自己的重生，有的說，他要殺豬拜拜，感謝老天爺讓他不死。我說，如果我平安回家，以後買魚絕不講價：「這次航海讓我體會到漁民太辛苦啦！」也許我們的命不該絕，第三天，有一艘開往大陸的漁船，從我們附近經過，遠遠看到我們的旗子，又見船在海上輕飄，知道發生問題，連忙朝著這個方向駛來，等船靠近時，我們僱請的船長叫著說：「那是我朋友的船。」

船上七個人終於死裡逃生，回到岸上後，我放棄不再使用這條船，這次出海險些喪命，使我日後不再輕易相信別人，到任何地方，都要親自檢查一遍，確定無誤才出發，免得重蹈覆轍。

從海裡逃過一劫的林文燦，居然在一次潛水中喪生，令人意想不到。潘秀明有一次開著這艘船，帶著侄子到馬祖附近去捕龍蝦，結果船在中途拋錨了，他的侄子下去修理，結果吸入大量的二氧化碳死亡。聽到這個消息，令我不勝唏噓！

移民美國，我自己擁有一艘遊艇，假日全家人同乘遊艇遨遊湖上，其樂融融。我也沒有忘情浮潛和釣魚，甚至在舊金山的住處前院，挖個大魚池，把釣來的大魚放在魚池中，並逐一記錄重量。目前最大的魚是八公斤，希望以後能夠打破這個紀錄。

我在師範的同班同學彭志良，比我早來美國，我們同住在一個名叫飛雲島的湖邊，一個在頭，一個在尾，開船需要五十分鐘。他的後院經常不關，我有時趁他不在家，偷偷從後院溜進去，把他冰箱的東西吃光，或是買了一大堆東西，塞在他冰箱，彭志良從來沒有發現過。

有一次，我釣到一條大鯉魚，又偷偷從他家後院溜進去，放進他的池塘，那個池塘並不大，只養了一些錦鯉魚。當天晚上，彭志良打電話過來，驚訝地告訴我：「不得了，我家池塘不曉得從哪裡游來一條大魚，水都給溢出來了。」

至於潛水射魚，我己很久沒有嘗試了，主要是有一年我在白沙灣潛泳，與一條有白點的紅色魚和一隻烏龜不期而遇，而且做了朋友，我就不再射魚了。

在美國釣魚有許多規矩，我初到美國，住在佛羅里達州，不知道在美國釣魚是要申請執照的，每天在住家後面的湖裡垂釣，幾乎把湖裡的魚都釣光了，好在沒有被警察發現，否則要罰不少錢。

搬到舊金山後，遇到釣魚同好，才知道美國對休閒活動規定很嚴格，舉凡露營、烤肉都有限制，不像台灣隨便紮個營，升起火即成。釣魚更是有嚴格規定：必須在日出前一小時，到日落後一小時之間才能垂釣。還有釣什麼魚，得買什麼執照，一張執照只能用一根釣線，若是用兩根，得再買一張，一點都不能馬虎。

釣魚的數量也有明文限制，譬如鱸魚只能釣兩條，而且必須超過十八吋的才能釣上岸，誰也不能例外。如果不符規定，破壞規矩，一定被送到法院，罰款很重。有人心存僥倖把魚藏起來，一經查獲，立刻戴上手銬。美國法律很嚴，不能以不知道法律而逃避責任。

在美國湖裡垂釣都是要付費的，不是想釣就能釣的；當地政府把收來的錢用來買魚苗放進湖裡，讓魚繁衍生殖，不致趕盡殺絕。

從這裡讓我想到台灣，台灣太自由，釣不到魚就用魚網，甚至毒魚、炸魚，非把魚搞光才甘心，法律觀念太淡薄，也沒環保意識。

台灣也鼓勵烤肉，假日去外雙溪，整條河邊都在烤肉，不知道從什麼時候起，中秋節變成烤肉節，家家戶戶住得這麼近，油煙燻得讓人難受，如果你去交涉，還會被人指責，說你不懂情趣！

其實要好的休閒環境，大家都要有環保道德觀念，法律也要嚴罰，如果這一代把好山好水破壞怠盡，下一代還能有什麼呢？

人生在世多稱心

畫了幾十年漫畫，得到的獎不計其數。之後又鑽進發明領域，獲得一百三十八種專利，拿了多少發明獎牌，自己也搞不清楚。也當選過全國特殊優良教師，蒙蔣中正總統召見。一九七五年因發明語言自學機，榮獲蔣經國先生來函鼓勵；一九八六年因得國際發明獎榮獲李總統登輝先生召見。二〇〇二年，又因對地方建設有功，榮獲陳水扁總統召見。

得獎是一件令人快慰的事，但一轉眼我就忘了，不是不珍惜，而是不覺得自己有多棒，我只是在做自己有興趣、自認該做的事，有沒有掌聲，我也不是很計較。直到遇上葉李華與賴連勝兩位讀者，我才猛然發現，原來劉興欽眞的不錯，忍不住爲自己鼓掌。

從他們身上，我發現，多年來我的創作不但未被時光淹沒，反而深植在讀者心中，特別是我畫的科學漫畫，影響的層面更大，這是我做夢都想不到的事。

前兩年，我將五千張漫畫原稿交給交通大學典藏，並把我的專利原稿及模型放置在交大，以前我都把手稿藏在家裡，後來在銀行保險箱裡，如今終於爲他們找到一個理想的家。交大將派專人編目、數位化，成爲全台第一套國際化的台灣漫畫教育網站。

在手稿典藏簽約儀式上，我表示，一生沒有多大成就，只會畫漫畫，製造一些「垃圾」，很感謝交大願意典藏這些「垃圾」，並作「垃圾分類」的工作。

當我從浩然圖書館出來，準備搭電梯參觀一下校園，在電梯間巧遇交大教授葉李華。這位擁有柏克萊大學物理學博士，並有「台灣第一位科幻教授」稱謂的學者，見到我像多年不見的老朋友一樣，毫不掩飾地對我說：「你害我唸了一個物理學博士。」

我聽了哈哈一笑，卻不知發生何事？葉李華連忙向我解釋，原來三十年前，葉李華還是個鄉下小孩，他跟爸爸去看「聯合縮小軍」這部電影，劇情描述一組醫生乘坐潛艇進入病人的體內，清除血管的血栓，經過千辛萬苦才完成任務。電影中充滿想像、懸疑、科技的劇情，令他著迷，心中暗下決心，長大後一定要當科學家。

爲了達成心願，他埋首於科學叢書、科幻漫畫和小說中，尤其對我的漫畫「小聰明」特別感興趣。他把書中的科學實驗，都依樣畫葫蘆再做一遍，遇到困難就去請教爸爸，一直做到滿意爲止。

講到這裡，葉李華突然停頓下來，帶著感性的語調說：「劉大師，今天在這裡遇見你，眞是有緣，謝謝你的科學漫畫，陪我度過快樂的童年，同時也啓發了我對科學的好奇心，影響我對科學的喜愛。」

當天的天氣有點陰霾，還飄了一點雨，但是，我的心情卻異常開朗，整個心被喜悅占得滿滿的。眞的，我從來不知道自己的筆竟然可以穿入人心，產生這麼大的影響力。更讓我感動的是，即使歲月如流，物換星移，讀者依然記著我的漫畫，夫復何求？那一刻，我眞正覺得劉興欽很不錯；他畫的漫畫不但打動人心，且在潛移默化中，開啓了讀者的思維。

另一件讓我覺得有成就感的是，有一年，我在美國庫布蒂諾演講，有位遠從聖達克拉克縣來的聽眾，名叫賴連勝，開了好幾個鐘頭的車趕來聽演講。讓我很感動。賴連勝也是新竹縣人，新竹縣與聖達克拉克縣結爲姊妹縣，就是由他一手促成的。

賴連勝告訴我，在台灣他只仰慕兩個人，一個是演布袋戲的黃俊雄，他說「想想看，三、四十年前，他就有那麼豐富的想像力，把傳統布袋戲，改編得那麼精彩，大人小孩都愛看，堪稱是世界第一流的編劇、導演兼演員。」

第二個崇拜的居然是我，令人訝異。我不瞭解，自己居然有這麼偉大嗎？

「當然有，你的漫畫書我看多了，實在了不起。」

「眞的嗎？你可不可以舉一個實際的例子。」

下面就是賴連勝舉的例子。有一次，他跟美國旅行團到埃及觀光，團員包括各國人，美、英、法、日本人都有。來到雄偉的金字塔前面，導遊提出一個趣味問題考大家，他說，金字塔裡面漆黑一片，伸手不見五指，裡面沒有任何照明設備，但是牆上有壁畫，請問壁畫是如何完成的？

全團靜悄悄的，無人知道答案，這時候賴連勝舉手，表示知道答案，他說：「利用大量的鏡片，將陽光反射到洞內，就可以照亮洞內。」「標準答案。」導遊立刻對他鼓掌致意，並問他怎麼知道答案？賴連勝毫不掩飾的說：「是看劉興欽的漫畫知道的。」聽到他這麼說，我好高興，連忙追問他是不是看「小聰明」漫畫，因爲裡面好像也有類似的情節。

賴連勝說不是，他是看「機器人」漫畫，礦坑發生災難，許多礦工被困在坑內，「機器人」鑽到礦坑救礦工。機器人是靠太陽充電，結果進入坑道太久，晒不到太陽，沒電了，造成機器人出不來，也無法救人。在這個緊要關頭，「阿金」想了一個辦法，先挖一個洞，然後用許多鏡片，將陽光射進洞裡，為機器人充電，最後終於救出洞內的礦工。

「你知道嗎?現在的高科技光纖，就是就是用這種技術的，所以我很敬佩你。」賴連勝意猶未盡的說。他是個有心人，還計畫在聖達克拉克縣，每年舉辦兒童發明展，與新竹縣交流。以提高台灣的科技。早年我常覺得，從事兒童文學工作的人，常常處在寂寞中，孩子們不善表達感情，不會對著你的作品說好，想不到他們長大後，依然記著你的作品，更不忘向你致上誠摯的感謝，那一刻你會覺得所有因創作所忍受的寂寞、無助，統統得到報償。所以我要勉勵所有兒童文學工作者說：「善有善報，不是不報，日子未到！」

弟子個個是人才

定居美國多年，我一直有個心願，就是找個機會，把以前的弟子找回來，大家聚聚，當面向他們致意，感謝弟子當年不計辛勞地幫助我，讓我的作品一件件完成。

二〇〇一年五月，我特別從美國返台，與當年助我一臂之力的弟子「翦翦燭西窗，共話夜雨」。當天共有二十名弟子參加，提起以前的種種，大家都有說不完的話，歲月彷彿倒流，甜美的回憶就在眼前。「浮雲遊子意，落日故人情」爲這場聚會做了最佳的註解。

三、四十年前，正是我創作的巔峰，我的漫畫受到廣大讀者的歡迎，不少家長仰慕我，帶著他們的小孩來拜我爲師學藝，其中有幾位我至今仍很懷念他們：

例如林信宏，跟我學了兩年畫，沒有缺過一天課，每天都賣力學習，從不遲到早退，通常都是我叫他回家，他才離去。

還有一位是我大女兒幼稚園的老師，名叫陳雪娥，爲了安心學畫，辭掉工作，到我這裡當義工。她的工作能力強，人又乖巧，後來被我岳父看中，嫁給我的大舅子。婚後仍繼續幫忙，直到我移民美國。

一九七二年，我成立興欽出版社，工作相當繁忙，我的老丈人、大舅子都來幫忙。有一天，一個名叫柯鴻圖的年輕人，拿著一個包袱站在我家門口，指名要找我，希望在我這裡工作。我告訴他不缺人，他也不介意，並說不要工錢，只要給他一個地方睡覺就可以了，他是從嘉義來拜師的。

「可是我這裡也沒地方住啊！」家裡堆滿了漫畫周刊，沒有多餘的地方。

「沒有關係，我可以睡在地板上。」他打定主意要向我學習。後來我才發現，柯鴻圖是個天才，他畫的圖又快又好，我漫畫周刊中的插圖都是他畫的，之後我按月付給他薪水，因爲他畫得實在太棒了。唯一令我不安的是，家裡太小，沒有多餘的床位，他就在我家客廳打地鋪，一住就是好幾年。當時我曾對我太太說；「柯鴻圖將來一定會有成就。」果然不出我所料，日後他自己開廣告公司，案子接不完，目前擔任「設計協會理事長」。

我在主持《興欣畫刊》時，有一個名叫蔡東照的年輕人，經常投稿，當時他還在讀大學，畫得一手好漫畫，也曾到我家拜訪，但是並沒有正式拜師，我也不敢認定他是我的弟子。大學畢業後，蔡東照經常在民生報發表作品，也主持幾家大型刊物，都很出色，最有名的就是《儂儂月刊》。有一段時間，我很想跟他聯絡，始終接頭不上。直到前幾年，我在一個展覽會場，突然聽到有人叫我：「劉老師」，我左看右看認不出站在我前面的就是蔡東照，他以前很瘦，現在變胖了，他告訴我，他已離開《儂儂月刊》，如果老師有什麼需要他幫忙的，他義不容辭。當時我很想召集以前的弟子聚聚，這個工作就交給蔡東照。蔡東照幫我一一打聽弟子的下落，一個都不少，了卻我多年的心願。之後，我的出版工作，也交給蔡東照處理。

他的文學底子甚佳，舉凡文字書寫部分，都由他負責，像我繪的《內灣的故事》，裡面的文字全部由蔡東照撰寫，且不收一文錢，讓我過意不去。有一年春節，我以長輩身分給了他一個壓歲錢，結果他想盡辦法把紅包退了回來，還說老師有事，弟子本來就應該做，怎麼可以拿錢呢？

在我出版這本傳記時，得知蔡東照因病住進醫院，內心十分著急，又不知道如何幫忙，希望老天保佑，讓他早日脫離險境，他真是一個謙和有禮的文化人。

曾惠泉，是我擔任國內漫畫比賽評審時認識的，我之所以會注意他，主要是每次漫畫比賽，他都參加，而且一定得獎，被人稱做「職業得獎人」。

有次我在一次畫展上碰到他，兩人相談甚歡，他立刻說要拜我爲師，我不是一個愛收徒的人，實在是曾惠泉十分優秀，人又謙虛。以後我有許多美術方面的事，都由他幫我完成，尤其是我移民美國，我在台灣的展覽工作，全部由他一手包辦，他是我最信任的弟子，不要我費半點心。像內灣形象商圈，隨處可見我的漫畫塑像，都是曾惠泉在幫我推動。他在內灣替遊客畫漫畫像，三分鐘就能完成一幅，生意好得不得了。爲了回饋地方，他還在內灣國小，免費開班教漫畫，大人小孩均可參加。儘管再忙，對我交代的事，曾惠泉從不馬虎，總是做到盡善盡美，我很慶幸，有這麼好的弟子幫我處理大小事情，我還有什麼要求。

王淇郎也沒有正式向我學過畫，他從小就愛看我的漫畫，第一次見面，他就說和我神交了四十年。家住新竹香山的王淇郎，自己開了一家規模相當大的塑像工廠，我在新竹縣及內灣當地的漫畫塑像，全部是由他造的，個個栩栩如生，精美動人，是一位不可多得的雕塑人才。王淇郎告訴我，大嬸婆與阿三哥在他心中留下深刻的印象，他做夢都沒有想到，有一天，他會親自爲他們雕塑，內心眞是興奮莫名。有一天，王淇郎特別到我家，要我收他爲徒，我說，你已經畫得很好了，雕塑又棒，還需要拜師嗎？

「當然需要，我小時候就是模仿老師的畫作，當時最大的心願就是，希望有一天，能夠眞正跟老師學習，想不到終於讓我等到這一天。」我好感動，當場答應他的請求，雖然我已經不收學生了，但是，有這麼好的學生拜你爲師，叫你不收也難。

專利問題一籮筐

我從一九七一年一頭栽進發明的領域，七年間共取得一百三十八項專利，成了中國人裡拿得最多專利的發明家。一般人對「專利」，有個錯誤的觀念，以爲「發明」是一件多麼了不起的事，取得專利的人，從此就發大財了，其實這些都是不正確的。

事實上，在申請通過的上百張專利證書中，大約只有兩、三張會製作成商品，也就是說，只有百分之二被開發成商品，其餘都被閒置。在這百分之二開發成的商品中，也只有百分之二能夠賺錢，成功的比率可說相當低，並不像外界想像的那麼好康。

這是爲什麼?第一，新發明的東西，在沒有機器，沒有前例，一切從零開始的情況下，要開發成商品，需要花費很長的時間。就像我的「語言自學機」，從開始製作起，不知花了多少時間改良、修正，一次不行再來一次，不知道何時能成功。等試驗確定無法開發成商品，十年的專利年限已過了一大半。也就是說，你花了多年時間開發，到後來仍難逃失敗，那分失落，至今想起來還令人心悸！

再舉一個實例，我的「自來免削鉛筆」，投資者投注了上千萬的資金，前後花了十年的時間，最後終於製作成商品，等上市才發現市面上已有更新的產品上市，號稱可使用萬年的「自來免削鉛筆」，變得無足輕重，自然引不起消費者的興趣，只好匆匆下台。這些都是開發商品不爲人知的一面。

在我取得的上百件專利中，有些是我自己投資開發成產品，有些是租或賣給國外開發公司，也有與開發公司合作，不一而定。如果是自己投資開發，花費的心血更是難以估計，花錢不說，有時候還要受氣，眞是筆墨難以形容。

「鴛鴦刷」是我申請到的第二個專利，這是一個能把沖水、肥皀、刷子集合在一起的刷子，方便洗浴盆、馬桶用的，因爲材料簡單，我決定自己開發。我把圖表及說明書，拿給三重一家小工廠，請他做個模具。老板很年輕，說他會做，但是要預付二千元定金，言明七天後取貨。

一個星期後，我到工廠，老板還沒有動手，他說，因爲缺錢用，所以先幫別人做，我一聽他缺錢，立刻再給他二千元，希望他趕快做出來，他又一口承諾。幾天後，我再到工廠，情況還是沒變，我又給了他二千元，如此，一而再，再而三，我已經付出了一萬多元，時間也過了大半年，卻始終沒有結果。最後老板根本不理會我，也不準備還錢。

我想這下碰到問題了，一時間又想不出什麼辦法。正在煩惱時，剛好碰到颱風侵襲，台北四周淹水相當嚴重，三重成了水鄉澤國，無法進出。我從電視看到這則消息，首先想到的就是，幫我開模子的老板就住在三重，他的房子地勢又低，一定難逃淹水的惡運！

幾乎是毫不考慮，我立刻穿上潛水衣，拿了一個臉盆，盆內放了許多吃的東西，從台北這頭游到對岸的三重，一邊游一邊呼喚老板，找了大半天，才發現他被困在屋子的閣樓上，動彈不得。見到我冒著生命危險去救他，感動的痛哭失聲。他告訴我，這段時間，徒弟都不在，工廠只剩他一個人，附近的鄰居離得又遠，一度以爲自己會死在閣樓上，講完又哭了起來。

等大水退了，老板日以繼夜的爲我趕工，不到兩天就把「鴛鴦刷」的模子做好了，我憂愁多時的問題，就這麼輕而易舉的迎刃而解。

向廠商或開發公司推薦自己的專利，我也有自己的一套，有的發明家在取得專利證書後，即四處向開發公司探詢，希望對方買下他的專利，開發成商品。他們以低姿態向大老板請求，希望老板同情他發明的苦心，買下他的專利。

「專利貴在賺錢！」也就是要讓對方認爲：「我買了這張專利，開發成商品，日後一定能賺錢。」不能賺錢的專利會害人蝕本，送給別人，人家也不要。我把握這個要領，評估該項專利賺錢的機會很大，才向商人推介，否則寧可鎖在抽屜，也不想把它推銷出去，免得害人害己。也因爲如此，我能夠比別人多推銷一些專利出去。

與開發公司簽約開發商品時，難免會碰到約簽好了，但遲遲不開工的商人，一拖就是好幾年。專利權保障十年，愈晚開發，成功率愈低。爲了維護自己的權益，我與商人簽約時，會請對方預付保證金，免得商人簽約後不理不睬，吃虧的是我自己。

商人付了保證金，並不保證一定開發成商品，當他發現沒有能力做時，會回過頭來要求退還保證金，不顧合約上的規定，你若不還，對方就告你詐欺，無所不用其極。這種例子多得不勝枚舉，爲了此事，我不知道跑過多少次法院，連法官都認識我，還說：「怎麼又是你！」所幸法官明察秋毫，發現我並無任何詐欺行爲，完全是對方無法完成。

這還不算，我因爲發明甚多，拿到的專利證書也多，有時候一天就拿到兩、三張專利證書，引起別人的極度不滿。

有一位工程師當面對我說，他是個工程師，多年來，只申請到一項專利，還沒有核准：「你不過是個漫畫家，憑什麼可以拿到這麼多專利？」一副不以爲然的表情，他懷疑我與中央標準局（目前已更名爲智慧財產局）有勾結！才能輕而易舉拿到這麼多的專利證明，因此具狀控告我。

我不怕他告，因爲我有實力，而且多次挨告，我相信眞理是愈辯愈明，眞的假不了，假的眞不了，這是誰都知道的千年不變格言。可以想見，最後勝利的一定是我。如果有人問我：「發明難不難？」我會坦言相告：「發明並不像你想像的那麼難，只要會畫圖，有創意，發明其實不是一件難事。」難就難在如何把你的發明做成實品，推銷出去，而且會賺錢，這可是一件不容易的工作，但是天下無難事，只怕有心人。只要你堅定信心。勇往直前，什麼困難都難不倒你的！

細說從頭話發明

當初我會走上發明這條路，要感謝一位小朋友，是他的一句話，激起我的毅志力，決定親自去嘗試，到後來廢寢忘食的投入發明工作。也因爲這位小朋友的話，我的人生開啓了另一扇窗，當我打開這扇門窗，發現窗外的景色竟是如此引人入勝。

那時我在台灣新生報畫漫畫，已經很有名氣了。有一天，主編對我說，現在國家正努力推行科學，尤其重視科學教育，報社準備開闢「新生兒童」周刊，希望我能在這本周刊畫一些科學漫畫，增加小朋友的科學知識。

我從小數學就不好，初中三年，數學成績都在及格邊緣，進入師範學校藝術科之後，數學、物理、化學全部都束之高閣，十多年沒有接受數理方面的訓練，整個腦子幾乎找不到數理的細胞。在這種情況下，我怎麼會科學漫畫呢？這不是打著鴨子上架嗎？

但是路是人走出來的，以前我碰到許多棘手的問題，從來沒有退縮過，經過一番努力，最後終於迎刃而解。既然主編要我畫科學漫畫，我就想法子克服困難，向數理好的人請教，反正「天下沒有跨不過去的火焰山」，只要有心，任何橫阻在我們面前的困境，都可以被驅趕出去。基本上，我就是抱著樣樣學、樣樣問的態度，一碰到問題，就向高手請教，經常把對方問得不勝其擾。漸漸地，我對科學有了一些概念。

《小聰明》就在我的筆下，一步一步地慢慢成長。有一天，我突發奇想：也許有一天，世界上的人都不用作事，可以讓「機器人」代勞，它可以解決我們日常生活的所有雜役。當時還沒有「機器人」這個名詞，於是我憑想像畫了一個「機器人」。沒有想到推出後，立刻造成轟動。那時候我真神氣，西門町、重慶南路的書報攤都在賣我的漫畫，小朋友圍在書攤前，一手一本，個個看得入了迷。

一九七一年，有個小朋友突然打電話來質問我，說我很會吹牛，世界上怎麼可能有這麼厲害的機器人，不但幫人做事，解決困難，還可幫警察抓小偷！一身是膽，簡直比神仙還厲害！

我解釋給他聽：「科技愈來愈進步，發明的東西也愈來愈多，人類現在都可以登陸月球，遲早有一天，我們會發明機器人。」講了半天，他就是不相信我的話。

「那你要怎樣才會相信呢？」我有些無奈。「除非你做一個給我看，否則你就是吹牛！世界上不可能有機器人！」不等我說完，他就大笑三聲後掛上電話，留給我滿腹的疑慮，我心想：「如果我不做給他看，就表示我真是在吹牛。」我這個人最要面子，又好名聲，我怎麼能讓人說我胡吹亂蓋，沒有一絲誠意！於是硬著頭皮準備做一個機器人，但是要做怎麼樣的機器人呢？我也很徬徨！

左思右想找不到答案，那天我去逛書店，無意間聽到一對母子在爭議；原來媽媽要給孩子買書，孩子卻要買玩具。每個家長都希望他的孩子多讀書，而小朋友卻喜歡玩具，當然會起爭議，「要是能把這兩種合而為一……」

就在那一霎那，我突然想到發明一個會教人讀書的機器人。回去後立刻動手把圖樣及說明分別畫寫出來；先把電線切成兩節，再用多種變化的線路連接兩邊，接對了，就能通電。然後在電路上做成能插置教育卡的卡片座，再加上會活動的機器和許多教育卡片，讓小朋友自己放問題，再放答案，如果答對了，機器人就會點頭和拍手。我把這項發明，取名「自動學習機」，並請模具工廠幫我做了一個樣品。當時中小學科學玩具和教具比賽即將開鑼，學校經過抽籤，由一女老師代表參賽，她不會做，當場哭了起來。我叫她不要難過，由我代她參賽。我把「自動學習機」拿去角逐。想不到得了第一名，還獲得五千元獎金。

當時的教育司長長葉楚生，非常喜歡這個教具，直說我了不起，但她認爲「自動學習機」不響亮，幫我另外取了個名字，叫「機器人自學機」，眞是切中吾意。本來我也想取這個名字，但是擔心別人說這個小玩藝也想用「機器人」這個名字，不怕笑掉別人的大牙！只好打消此意。想不到教育司長替我取了「機器人自學機」，不是切中吾意嗎？

巧的是，萬國專利事務所的陳燦輝跑來參觀這項展覽，對「機器人自學機」留下深刻的印象，認爲這是全世界都沒有的東西，問我有沒有意思申請專利。我說好哇！結果花了三萬元，同時申請台灣及美國的專利。不到半年，兩邊的專利都核准下來，當年尙無電腦，「機器人」相當稀奇。

美國玩具廠商彼得在專利公報上看到這則資訊，專程來台灣找我，他不知道台灣在哪裡，一度還跑到大陸去找。半年後，一位小姐帶著他來看我，我不懂英文，彼德講什麼我都搖頭，事實上，他在向我開條件，問我要不要賣？如果不賣，那就跟我合作，我連搖兩次頭。對方見我搖頭，又說，讓我抽產品售價的百分之五，再加五十萬元的簽約金，我仍搖頭。

站在一旁的小姐急了，忍不住對我說：「劉先生，你再搖下去，人家就不買了，條件開得太高了。」

「我不是不賣，是我聽不懂他在講什麼？」

「對不起，我以爲你聽懂了，所以沒有替你翻譯。」

靠著小姐的翻譯，我與彼德簽下兩年租約，在產品尚未上市前，每個月先付我二萬元，等產品上市後，按售價抽百分之五的利益，每個月付給我好幾十萬元。幾年下來，我單靠這個發明就獲得六百萬元的收入。在七〇年代，六百萬元是個大數目。我就是靠著這筆資金，繼續朝發明的路上邁進。

「機器人自學機」長銷三十三年，歷久不衰。這些年，「機器人自學機」改良了好幾次，甚至我當初申請專利的那部分也被改掉了，但是租金照付。我曾向美商反映，不需要再付錢給我，因爲它已不是我的東西，對方來信表示，雖然已改良多次，但是仍延用我的專利號碼，旁人不敢仿冒，所以應該付錢。怪不得美國是先進國家，他們如此守法，如果在台灣，情況就大大不同囉！經過多次改良後，在美國熱賣迄今已經三十三年了。

有的人認爲我很了不起，可以在短短七年，發明上百件東西。事實上，發明家沒有大家想像的那麼困難，只要你細心，遇到問題就請教專家，像我曾發明電子音樂鞋，電子我怎麼懂，我根本沒有學過，可是懂電子的人很多啊！

我就請教他們，告訴他們我希望有個東西能有什麼作用。他們就會告訴你，甚至畫圖給你，我再請人家做出來，一試可以，再裝到鞋子裡，不就是了嗎？不知道的人，還以爲有多困難，其實不難，都是唬人的。

科學家和發明家不一樣；科學家是追根究柢，發明家是無中生有，仔細觀察科學家有什麼發現，加以應用，再創造過去沒有的東西。我就是依照這個方式，申請到上百種專利，試試看，你也可以做到。

不做投機、害人、殺生的生意

愛迪生說過：「需要就是發明的原動力。」

這眞是一針見血的話。回想我這七年的發明歲月，都是因爲日常生活「需要」，繼而動腦筋想出來的，可以說「需要」是我所有「發明」的泉源，沒有它，我是做不出來的。

「心心雙頭夾」是我申請到的第三項專利，當時我因發現家裡晒衣服的地方太小，孩子的尿布又多（當時我已有三女一男），冬天風大的時候，尿布吹成一團，幾天都乾不了，很傷腦筋。於是我動腦筋，發明一種兩頭都能夾的夾子，這樣一來，不但風吹不動，而且可以夾很多衣服。爲了吸引人注意，我特別用十二支雙頭夾夾在一個大「心」周圍。同時還爲它取了一羅曼蒂克的名字，叫「心心雙頭夾」。

拿到專利證書後，我立刻研發成商品，推出後，不但沒有得到消費者的稱許，反而接到無數不滿的電話，紛紛要求退貨。原來「心心雙頭夾」設計得不夠理想，兩端的夾子無法同時操作，顧了前端就顧不了後面，導致下方的衣服經常掉下來，還得重洗。一箱箱的貨被退回來，把家裡堆得寸步難行，連睡覺都沒有地方，只好躺在紙箱上，愈想愈覺得自己笨！我只要切斷一邊，就不會有那種毛病。就差這麼一點點，讓我損失幾十萬元。

見我這麼難過，太太不斷安慰我，勸我不要氣餒！再接再厲：「聽說發明鞋子的人，到死都還沒有想到左右腳要有分別呢！世界上沒有一樣東西是一發明出來就完美無缺的。」聽太太一說，我突然高興起來：「對呀！起碼我的產品一上市，就被人發現了缺點。」想到這裡，也覺得是一種安慰，就不再計較得失了。改良後的「心心雙頭夾」仍有缺失，不少主婦拿著他們的衣服給我看，這次衣服不會掉下來了，但是，上下連起來晒衣服，結果上面的衣服被下面的衣服拉得變了形，眞是慘不忍睹！這就是只顧發明，沒有實際試用的結果。這個錯誤又讓我賠了幾十萬元，眞是拿錢買經驗。過了幾天，有一位商人來找我，指名要買我的「心心雙頭夾」。問清楚原委，才知道他不是要做雙頭夾，而是發現我裝彈簧的方式非常好，可以用機器大量生產，他問我這個專利權要賣多少錢？一時讓我難以作答。

「你就開一百萬好了，你也花了不少心血研究，還賠了不少錢，一百萬合情合理，爲什麼這樣吞吞吐吐，你要是不好意思開口，我來幫你說。」太太把我拉到一旁小聲嘀咕。「這怎麼可以！」我實言相告：「改良的這部分是我後來才想到的，所以還沒有申請專利，沒有專利就不能賣。」「你不說，他怎麼會知道。」「這樣是違法的！違法的事我是絕對不幹的！」於是我告訴來者，他需要的這部分，我還沒有申請專利，所以不能拿他的錢。「這麼一來，我不是省了一百萬元囉！眞是難得的老實人。」顯然他聽到我們剛才的對話。之後，我聽說專利可以補請，立刻向有關單位查詢，對方告訴我，沒有「補請」這個名詞，不過可以申請追加。我一聽，高與得差點從椅子上摔下來，但是稍後他又補充說：「但是專利法有規定：公開過的東西就不能申請專利。」

這下我慘啦！煮熟的鴨子眞的飛啦！

「那麼我可不可以把我設計的圖樣，賣給那位做夾子的老板？」我懷抱最後一線希望。

「他已經了解夾子的技術，再加上他已經知道你不能取得專利，沒有專利而公開的技術，人人可以模仿。」

才剛升起的希望，經他這麼一說，又讓我跌入冰窖，這一冷一熱的煎熬，眞讓人受不了。難過也沒有用，還是振作精神，解決家裡堆積如山的存貨吧！既然我會想點子，就該想個辦法，讓這些存貨變成金錢才對。

我終於想到一個好辦法，就是請一些漂亮的售貨小姐，專門向男士推銷，說這是專門爲你而設計的，表示你的心和女朋友的心夾在一起。這一招果然有效，上個星期才被退貨的「心心夾」，只要改變一下銷售的方法和對象，就變成一堆鈔票，原本愁眉不展的太太，也有了笑容，但是，我總覺得有一點騙人的感覺。

我想起小時候，爺爺編草鞋賣錢的往事，每次爺爺編完一雙草鞋就休息，我問他爲什麼不多編幾雙再休息？

「編多了也沒有人要。」

「我們賣便宜一點嘛！這樣買的人就多了。」

「沒用，穿的人就是固定那幾個呀！」

「那他們穿破了一定要買囉！」

「話是不錯，但是我編的草鞋比別人堅固耐穿，多穿幾天不成問題。」

我想爺爺眞笨，怪不得不會賺大錢，於是我趁爺爺不注意時，偷偷把編好的草鞋網線割掉一點，草鞋變得不牢固，很快就破掉。隔不了有多久，爺爺的生意好了起來，每天都要不停地編草鞋，他也很高興，但是不知道其中的原委。另一方面，爺爺的老主顧也覺得奇怪：爲什麼阿送伯編的草鞋，不像以前那麼耐穿！有一天，客人臨時趕著買草鞋，有一雙剛出爐的還沒動過手腳。當爺爺拿給對方時，我忍不住叫了一聲：「等一下，這雙鞋還沒有割呢！」

「割什麼？」爺爺回過頭來問我。

我不敢接腔，擔心爺爺知道眞相。隔了一會，爺爺似乎明白過來，爲什麼這段時間草鞋的生意特別好。他非常生氣，抓起牆角一個棍子就朝我身上打，嘴裡並罵道：「你想錢想瘋了，這種缺德錢也要！不怕被雷打！」

經過那次教訓，我知道「君子愛財，取之有道」的道理，也明白「金錢人人愛，但要取得光明正大」。這些大道理，日後都成了我的做人處事的座右銘，我也給自己立下「三不」原則：投機不做，害人不做，殺生不做。所以我堅決反對爲賺錢不擇手段。我把這件事告訴太太，她聽了也很受感動，決定支持我的做人原則，賣不出去的「心心雙頭夾」，我們就把它當廢物處理掉。

萬年自來免削鉛筆

沒有從事發明工作前，我不知道台灣喜歡仿冒國外產品，只要看到國外有什麼好東西，立刻不花一文地移植過來，他們只想撿現成的，不願意冒險。雖然公司設有開發部，裡面也有員工，但都是虛有其表，想找他們開發新產品，無異緣木求魚。但是，也有商人一聽到可以賺錢的產品，就立刻一擲千金，搶奪賺錢先機。

一九六〇年，國內紡織業大亨莊金池先生，以八百萬元的天價，向一位拆船工人，買下他發明的「免削鉛筆」專利，然後投下兩家紡織廠的資金，費時五年，產品才上市。推出後果然造成轟動，且外銷到世界各國。

「免削鉛筆」也因此登上大英百科全書，譯成「BENSIA」。這也是第一個登上大英百科的台灣話，知名度響徹雲霄，莊董可說是名利雙收。我之所以會提起這件事，是因爲我發明的「自來免削鉛筆」與莊董的「免削鉛筆」有很大的關係。自從「免削鉛筆」賺錢的消息傳出後，台灣一窩蜂搶著申請「免削鉛筆」專利，每天都有人申請，平均每個月有十幾種「免削鉛筆」獲得專利，大家都想沾這個產品的光。我因爲先前忙著畫漫畫，之後又投入發明工作，沒有注意到此事。有一天，太太從坊間得到一個消息：「免削鉛筆」的專利賣了八百萬元。我驚訝得從椅子上跳起來：「天哪！妳有沒有搞錯，十幾年前的八百萬，可以買十幾棟樓房呢！」

「聽說，買下專利權的莊董事長，訂單接不完，賺了好幾億呢！」這句話更令人震撼！我立刻要太太幫我買幾隻免削鉛筆，看看這個產品到底「神奇」在哪裡？

「那是小孩子用的東西，你製圖不能用那種筆。」太太以爲我要使用。

「這妳就不懂啦！改變也是一種發明，世界上所有的產品，都是經過不斷改良才成功的，說不定我也能把免削鉛筆改改，創造另一項奇蹟。」太太瞭解我的心意，立刻買了幾支給我參考。莊董生產的「免削鉛筆」確實不錯，但是，使用起來不穩定，鉛筆容易搖動，還有如果筆心掉了一節，這隻鉛筆就沒用了，但能發明這種鉛筆確實不錯。思考多時，我發現要是能把鉛筆心外面的塑膠拿掉，直接把鉛筆心後端磨一個溝槽，使筆心管前端的筆尖夾插固定，不易搖動，那就不一樣了。我很滿意自己的傑作，並爲它取了一個響亮的名字，叫「萬年自來免削鉛筆」。

當我申請專利權時，才知道申請「免削鉛筆」專利，已經變成一種風潮，天天有人去辦申請。專利事務所的人還嘲笑我：「你不是最不喜歡趕時髦的嗎？怎麼也搶搭這般列車！」

天地良心，我事前眞的不知道，再說，我對自己的「萬年自來免削鉛筆」，深具信心，認爲只要開發出來，絕不會輸給莊董的「免削鉛筆」。

沒有多久，「萬年自來免削鉛筆」專利核准了，我好高興，可以拿「欣喜若狂」來形容，想想看，「免削鉛筆」專利權賣了八百萬元，現在我又多了「萬年自來……」就更不一樣囉！人逢喜事精神爽，每天我都沈浸在喜悅中，走在路上常會不由自主地笑出來。這件事無意間被我一個從事房地產掮客的同學知道了，我再三提醒他，千萬不要隨便亂講，沒有想到隔天他就把這個消息，告訴後火車站一位做五金的古姓朋友，對方一聽發財的機會來了，立刻追問：「他賣不賣？」

「這麼好的東西他當然不賣！你忘了，『免削鉛筆』就賺死了，這個比『免削鉛筆』還好。」我的同學顯然受了我的影響。

古老板來找我時，我還很詫異，怎麼消息傳得那麼快？古老板開門見山就問我，免削鉛筆的專利要賣多少錢？我說不賣，但是可以合作，接著我把合作的條件告訴他。我的條件是：必須投資二千萬元開發產品，二千萬元中我佔十分之一的乾股，另外，對方還要先付我三十萬元，因爲我手頭已經沒有現款了。

古老板聽了，覺得很合理，立刻說：「你等我兩小時，兩小時後我一定回你消息。」事實上，半個小時古老板就給我答覆了：包括銀行二千萬元的存款證明，他還特別申明，我已有二百萬元在裡面。另外，又開給我一張三十萬元的支票，我奇怪，古老板爲什麼能在半個小時內，就把這件複雜的事情搞定。古老板說，賺錢的事誰不想做，當他把開發「萬年自來免削鉛筆」計畫，告訴同在後火車站，也是做五金生意的三個朋友，大家都很有興趣，還催他動作快一點，以免被別人搶走。至於投資二千萬元，每人出資五百萬元，他們也沒有異議，一句話：「我參加！」還說，五百萬便宜得很。

以前我就聽說，在台北後火車站經營五金生意的，都是些有錢的大老板，今天才見識到他們的大手筆。

這些老板並不清楚「萬年自來免削鉛筆」有多好，但是，前一個「免削鉛筆」賺了大錢，「萬年自來免削鉛筆」當然會更賺錢。幾天後，幾個投資老板一齊來拜訪我，目的是想看看「萬年自來免削鉛筆」究竟長得什麼模樣？原來他們連我畫的圖樣、專利證明書都沒有看，只聽名字就投下巨資，可見取的名字有時比發明還重要。

爲了全力生產，投資老板決定先買塊地蓋廠房，再向國外添購機器。大老板帶著我，從高雄旗山一路看下來，最後決定落腳北部，主要是方便督導。半年後，一座美輪美奐，取名「建達股份有限公司」的鉛筆工廠，在桃園縣出現，但棘手的問題也隨之而來。

首先是機器問題，這些大老板以爲免削鉛筆是個小東西，沒有什麼大不了，等正式接手後，才發現困難重重，急忙向國外購買機器，但是，這是新發明的東西，國外不可能有現成的機器，於是成立研究開發部門，專門設計機器，一晃三年過去了，機器還是不能動。別以爲鉛筆心是小東西，單要把它磨成一節一節，就是一門大學問。鉛筆是「灰」加上「黏土」，然後磨成細條狀，嵌置在木頭中，這個還算容易，我設計的免削鉛筆心是磨成一節一節，中間還凹下去，方便夾住，單是這個工作就十分困難。設計人員研究不出新機器，於是進行挖角，延攬高手進場，同時再增資。六年過去了，前後更換七個主管，產品依然無法上市，眼看公司就快撐不下去了。

後來我找台灣省發明協會理事長林昭元幫忙，請他接下這個攤子。林昭元是一位經營房地產的商人，資產不少，但是沒有絲毫富人的驕氣，爲人又熱心，願意奉獻。他知道發明家最大的問題，是作品賣不出去，因此在擔任發明協會理事長時，經常舉辦發明家與企業家的相親會，讓企業家瞭解發明家的困難，像「發明品相親會」、「十大傑出發明獎」、「金頭腦獎」等，都是爲了發明家舉辦的。

林昭元知道這件事後，毫不考慮地接下後續工作，同時又投下資本。但是依然沒有起色。這段時間，我曾拜訪莊董；他有豐富的經驗和完整的設備，更重要的是他有雄厚的資金，我想把「萬年自來免削鉛筆」轉讓給他，但又覺得對不起公司，內心不斷交戰。

後來還是太太提醒我，發明家是希望自己的發明對人類有所貢獻，如果公司無法生產，一切不是等於白費。我覺得很有道理，於是帶著「萬年自來免削鉛筆」去看莊董。

莊董十分客氣，但言談間仍有一份自傲。他問我知不知道，第一個被收進大英百科全書的台灣話是什麼？我答不出來。

「告訴你，是『免削鉛筆』（BENSIA），」他引以爲榮，接著他話鋒一轉，告訴我，自從「免削鉛筆」被他開發成功後，這幾年有近百個想改良他產品的人找他，就像我這樣毛遂自薦。

「不只你改得好，每個都改得好。」

他並沒有看我的作品，怎麼知道我改得好！

「不用看了。」

「爲什麼？難道你不想改良？也不怕有更好的產品跟你競爭？」我說出自己的疑問。

「改良是一定要的，但不是像大家所設計的小改良。說到競爭，有心要跟我一較長短的人，一定是傻瓜。」

這話把我弄糊塗了。

「道理很簡單，免削鉛筆花了我大筆的錢取得專利權，最後又投下兩家紡織廠的資金，五年後才做出來，我差一點就傾家蕩產，連我附近的鄰居教訓孩子都拿我當例子：千萬不能像莊某人那樣敗家。後來我成功了，老師教育學生也拿我做榜樣，說我是一位有眼光、有毅力、不怕困難，一心向前的企業家。所以別人要想做跟我類似的鉛筆，他也要像我一樣投下大量資金和很長的時間，到那時候，這類鉛筆的新穎性早就過期了。」

莊董的話不錯，三年後，「萬年自來免削鉛筆」雖然開發成功，但是已經過期了，更好更新的鉛筆已經上市，沒人注意到我們的產品。公司結束了，我也再不用爲這件商品傷腦筋，整個人終於走出桎梏的拳籠。莊董的話成了我發明生涯最大的收穫。

無心插柳柳成蔭

無論是漫畫或發明，「寓教於樂」四個字一直是我堅持的理念；從「機器人自學機」到「免削鉛筆」、「活動書小司機」到「智慧寶珠」，都與本身從事的教職有關。其中「活動書小司機」代表我國參加德國紐倫堡國際發明展，得到金牌獎；「智慧寶珠」獲得包括美、英、德、日等五個國家的專利，並得到包括紐約世界發明展優等多國獎項。

很多讀者問我，從事發明第一步要有什麼準備？我總是告訴大家，最好是先學畫圖，你只要會畫圖，就能把你想出來的東西畫出來，再配上說明書即可。

根據統計，世界上發明最多的人，不是科學家，也不是工程師，而是畫家。

至於要發明什麼東西？完全憑個人的創造力。基本上，從事與本身職業相關的發明比較容易成功，像我是學教育的，對研發小朋友的東西比較有興趣，做起來也得心應手，運氣好的話，還會受到國外開發公司的興趣。

一九八〇年，我代表中華民國到紐約參加世界發明展，我帶著獲得德國二十年專利的「萬能自學機」參展，這是我首次參加國際性的發明展，心情相當緊張，看到別人攤位展出來的都是引擎、電腦、機械等科技發明，再看看自己帶來的玩具，小裡小氣，怎麼能夠跟別人一較長短！一顆灼熱的心頓時涼了半截，人也顯得悶悶不樂。就在這個時候，一位像是幼稚園的老師帶著一隊小朋友進場了。小娃兒對其他東西沒有什麼興趣，獨獨看上我的小玩藝，問東問西外，還拿起來把玩，在別處的小朋友，也風聞而至。把我的攤位擠得水洩不通。我的英文又破，實在應付不過來，站在一旁為我翻譯的姪兒，雖然在美讀書多年，講了一口流利的英文，也招架不住這群娃娃兵。我原想把東西收起來，免得被小朋友弄壞，但大會警告我不可以這麼做，美國一切以兒童為第一，小朋友有什麼問題，我一定要誠懇回答，不能敷衍塞責。

沒有想到，這一幕被美國ＡＢＣ電視台的記者得知，竟邀請我上隔天的晨間新聞節目，專訪我的發明。當時姪兒不在場，我這口英文，怎麼應付得了，還要上電視，對著美國觀眾，侃侃而談，不是打著鴨子上架，存心讓我出糗嗎？於是推說第二天要回台灣，且機票都已訂好，不能參加。

記者不死心說，如果我上ABC的節目，耽誤了行程，所有的損失，電視台願意如數賠償，不會讓我吃虧。

我還是不敢答應。等記者走後，姪兒才回來，當他知道我婉拒上ABC電視的晨間新聞時，氣得直跳腳：「叔叔，你怎麼那麼傻！ABC的晨間新聞收視率相當高，影響又大，許多名人都爭著上，即使只有一分鐘的畫面就不得了，那是最好的廣告，又能爲國爭光，你怎麼輕易地推掉！」我一聽，知道自己錯失最好爲國宣傳的機會，懊惱不已，但後悔也來不及了。好在記者剛才跟我聊了一下，也拍了一些鏡頭回去，希望可以派上用場。

這次世界發明展，我原沒有抱任何希望，沒有想到評審結果，我的作品居然得到優等獎，眞是喜出望外啊！

當初我一頭栽進發明的領域，完全是對這個工作有興趣，至於名和利，我比較不關心。我後來不再搞發明，一來是國內仿冒猖獗，只要你發明一種東西，馬上就有人仿冒過去，防不勝防，但最重要的是，我後來申請專利時，國外不像國內直接告訴你准不准，而是寄給你一些和你發明類似的專利申請資料，要你自己去答辯，說明你的東西有什麼不一樣，特色在哪裡？非常麻煩。這個世界眞小，有時候別人想的和你一模一樣，這個時候，只有高科技公司有能力，投下鉅資，不斷突破，研發成功。負責申請專利的，有碩士、博士，都是一流的專門人員，我所發明的這些小東西，有太多日本人在動腦筋，以我這種程度，沒有讀過物理、化學、電子這些課程，很難再有所突破，所以決定不再發明。

在我嘗試發明時，我仍在小學任教，後來發明的東西愈來愈多，爲免誤人子弟，還沒到退休年齡（只差兩年），我就自動辭職，全力進行發明工作。如今結束發明，想重拾教鞭，已經不符規定了。我也不氣餒，反正路是人走出來的，這條不通，還有另外一條，怕就怕自己意志不堅，經不起挫折的考驗。

既然進不了學校，我還有其他工作可做，不如把精神放在教導下一代，把我多年的圖畫經驗傳授下來，因此，我創辦了「愛愛幼兒美術創意中心」，並開設專門訓練幼稚園老師的才藝班。「愛愛」的學員青一色是女性，大都是現任幼稚園的美勞老師。我訓練這些老師從自己開始，「凡事動手又動腦」，然後再培養孩子的創造力，雖然費時，但對孩子相當有幫助。從幼兒開始，圖畫就是人類最原始的共同語言，文字則是人類有了相當文明以後的產物。文字的地域性差異甚大，要花很長的時間才能相通，圖畫則不然，世界各國的圖畫都大同小異。如果有一天我們碰到外星人，唯一能溝通的只有圖畫，我之所以主張讓孩子學畫，不是訓練他成爲畫家，而是學習生活中的表達方式。

「愛愛」自一九八三年成立以來，轉眼二十年了，培養了不少美勞師資，我雖然移民美國多年，但是該中心一直沒有停止，繼續延用我的教材，把我的經驗傳授下去。這一章寫到此應該告一段落，但有件事情，我必須提一下。

「愛愛」成立沒幾年，輔大應用美術系主任羅慧明，請我到該校擔任副教授，教漫畫與插圖。本來我計畫回小學任教，但因資格不符遭拒，如今大學要請我去授課，眞讓我喜出望外。人生的際遇眞是難以捉摸，該怎麼說呢？只能說，福氣啦！

回首夕陽紅盡處

以前，每天被工作壓得喘不過氣時，常興起「此身非我物，何時忘卻營營」的念頭，希望有朝一日能夠擺脫一切俗務糾纏，帶著妻兒過著閒雲野鶴的生活。十二年前，我眞的遠離一切，移民美國，開始享受海闊天空的退休生活，怎知雲淡風清的日子過不了多久，就覺得人生了無生趣，心情苦悶到極點。

民歌手黃大城早年曾唱過一首歌名叫「唐山子民」，歌詞中說：「我從遠方來，落腳在他鄉，胸懷千萬里，他鄉作故鄉……」當然，對於生於斯、長於斯的台灣子民來說，站在他鄉起伏不平的土地上，心海也是同樣的起伏不平，那是一種「獨在異鄉爲異客」的感受。縱使他鄉美景如畫、氣候宜人，但是，山月不知心裡事，在內心深處，遊子依然想念自己的故鄉。那是我生命中最沮喪的時期，每天養尊處優，在家當米蟲，想去釣魚、潛水，沒人帶路，開車出去又不認識路，還曾發生出去散步，竟找不到回家的路的狀況。唯一能做的就是對著屋外的庭園發呆，要不就是與妻大眼對小眼，成天無所事事。長時間下來，我覺得人生已經走到盡頭，生命再也激不起美麗的浪花。

我好懷念兒時穿著補釘衣服、光著腳、牽著牛，跡水去上課的日子，覺得那才是生活。當時我買不起顏料，只好用花汁、樹脂、木炭畫畫，沒錢買零食，就上山採蜂蜜、野漿野果，這些野花野食，不但滋味甘美，又不花一毛錢，比起我在美國住華廈，衣食無缺，不知道快樂多少倍。

有一次，我到關島看二女兒香彬，女兒知道我心情抑鬱，特別帶我到她常去的教會坐坐。在那裡，我看到大家快樂的唱歌、讚美人生，用餐時彼此互相幫忙，相處猶如一家人，令人嚮往。我很喜歡這種氣氛，去了幾次後，就受洗成爲基督徒。但我認爲洒幾滴水，不能洗淨我的罪過，堅持要用大海的水來洗滌。結果解牧師陪我到關島湛藍的海灘受洗。當我們走進大海中央，落日正緩緩西沉，海天一色，美不勝收，彷佛置身在天堂，心靈找到了歸宿。兩年前的農曆除夕，有個偶然機會，美國電視二十六台中文節目「話越地平線」，邀我上電視與觀眾話家常，主持人一開始就問我，移民美國的感想如何？我據實回答：「好山好水好無聊」。

那是個callin節目，我剛說完沒多久，許多觀眾紛紛打電話進來，彷彿多年不見的朋友，你一言，他一語，眞是熱鬧。他們說，不知道我也到了舊金山，眞是太好啦！以後可以邀我參加當地舉辦的活動。從那時候開始，邀我演講、教學、募款、開畫展的活動，紛至沓來。另外，台大、師大、政大、北一女校友會，也邀我參加他們的活動，甚至連金山灣區華人運動會，邀請亞洲鐵人楊傳廣點燃聖火，也邀請我當貴賓，並為我開闢一個攤位，專門展示我的漫畫作品。一連串的活動，忙得我不亦樂乎，成天不在家，早把走上絕路的念頭抛到腦後。

現在我在灣區有不少朋友，像冷守忠、吳允孚、劉家治、程家元、曾鴻圖、林法蘭克，尤其是我國小教的學生高玉麗，簡直就像我的私人秘書，凡事找他們，萬事OK，覺得比住在台北還方便。我發現他們都是看我漫畫長大的，對我所有的漫畫人物印象深刻，因此，每當我拿一些我的漫畫主角複製品義賣時，都能賣到我意料之外的好價錢，還有商店指名要我的漫畫做他的招牌。每天都有新的發現，讓我應接不暇。

現在，我常常告誡自己「千萬不能死」，因為我還有很多事情沒有完成，需要靠畫筆把它記錄下來，流傳下去。

我那一輩學畫的人，通常家境較好，很少做過鄉村農家的工作；而一般農人、工匠又不會畫畫，只有我得天獨厚，生在窮苦的莊稼人家庭，老天爺又賜給我繪畫的天分，我自然不能辜負上天的恩賜，一定要把古早的鄉間生活畫下來：像「碾稻穀」、「製簑衣」、「滾木材」、「編草鞋」、「木炭窯」等，讓台灣後代子孫能夠瞭解，先人如何胼手胝足地過日子。

大嬸婆成了內灣的財神爺

一九九九年十二月，我回國參加「國北師校友六人聯展」。有天下午，有位自稱是內灣商圈發展協會總幹事的彭瑞雲打電話給我，她說，自從內灣樟腦業及煤礦停產之後，內灣百業蕭條，年輕人都走光了，只剩下一些老弱婦孺。火車也營運不下去，即將拆除。新竹縣政府爲了拯救內灣，不知開了多少次會議，經濟部生產力中心也在當地推動形象商圈，但是效果有限。

最後，有人提議，大家想想，看內灣有什麼特殊的東西沒有？結果還是想不出，就在此時，有人提出：新竹縣有位漫畫家兼發明家劉興欽，雖然他出生在內灣的隔壁村——大山背，但兩個村連得很近，有地緣關係，是否可以試試他的漫畫人物，吸引大家到內灣一遊。一語點醒夢中人，於是派她來問我，可不可以將我的「阿三哥」、「大嬸婆」，雕成塑像，做爲當地的遊覽指標。

彭瑞雲提到內灣逐漸沒落，讓我想起當年有「小上海」之稱的內灣，熱鬧的一面。早年內灣因爲產煤，進駐大批工人，繁榮一時，極盛期有七家旅館、四間茶室，還有網球場、內灣戲院，老百姓衣食無缺。一九八三年，因礦災不斷，礦主逐漸停採煤礦，使得內灣日漸沒落，就業機會少，年輕人大批外移，繁華落盡。

事實上，內灣有好山好水，還有好吃的東西，如果有獨特的文化做強而有力的背景就會不一樣。就像美國明尼蘇達州以「史努比」漫畫爲發展觀光產業的主題，結果吸引了絡繹不絕的旅客前往觀光，發展相當蓬勃。

我想，如果能把內灣的繁華找回來，我願竭盡所能全力幫忙。於是我告訴彭瑞雲，願意把我的漫畫人物提供給內灣使用。

「那你需要多少錢？」

我從來沒想過這個問題，既然對方提起，我愛開玩笑的毛病又犯了：

「這樣好啦！妳看妳家有什麼東西，我看合意了就交換。」

彭瑞雲也很機靈，立刻打開冰箱看看：「我家只有一罐陳年蘿蔔乾，是道地客家口味。」

我好久沒有嘗過客家蘿蔔乾了，這種加蒜醃漬的蘿蔔乾，是我兒時最愛吃的小菜，多年未嘗，想不到竟在這個場合碰見，於是我說：「那我跟你換定了。」

基本上，我是把當年放牛校長對學生的愛，延伸到自己家鄉，一代傳一代，這分愛永遠不會褪色，只會愈來愈濃。

隔天晚上，包括縣府人員、鄉長十幾個人，浩浩蕩蕩來到我台北的家，除了那罐蘿蔔乾，每個人手上都拎著禮物，其中溫鄉長還送了一瓶珍藏多年的洋酒，我雖滴酒不沾，看到大伙這分盛情，也十分感動，立刻簽下同意書，無條件把我的漫畫人物造型，供給橫山鄉作爲公益使用。

沒有幾個月，內灣幾個重要景點，立下包括「大嬸婆」、「阿三哥」、「機器人」、「小聰明」的塑像，這些塑像約有二至四公尺高，有的在拉木馬、有的做路標、有的做大型導覽圖，「機器人」則爬上電線桿。在內灣火車站前，還立下大型「大嬸婆」塑像，做爲地標。

二○○一年五月五日，內灣商圈導覽指標正式揭幕，一大早就有來自各地的民俗技藝團體演出，鑼鼓喧天，好不熱鬧。整條街都擠滿了各地趕來的觀光客，火車也由三節車廂加掛成六節，仍然不夠裝載。

典禮開始時，鐵路局長黃德治坐在我旁邊，他私下告訴我，下個月鐵路局就要把內灣這條線拆掉了：「實在沒有能力賠下去！」我聽了嚇了一跳，要他再忍一忍，說不定內灣形象商圈炒熱了，會帶來大批人潮。

四個月後，我在內灣見到鐵路局台北段段長，他興奮地告訴我，內灣線火車從形象商圈開幕起，天天客滿，營運好得不得了，現在不但不拆，還準備在合興站，蓋一所鐵路博物館。這眞是令人振奮的消息，不僅如此，內灣在經過這次改造後，一夕之間，熱絡起來，大批遊客湧了進來；以前一天賣不到幾十個粽子，現在竟然賣到數千個，尤其是「大嬸婆野薑花粽」，曾有一天售出八千個的記錄。當地人提起此事，笑得合不攏嘴。內灣吊橋前，有家原名「鄉親」的餐廳，本來只有老板一個人做生意，自從改名爲「大嬸婆私房菜」後，生意好得令人稱羨，人手增加到十六人，天天客滿。

全內灣的老太婆也都有了工作，他們忙著包粽子、做菜包，比在外地工作的人收入還要多。你若問她姓什麼？每一個人都說，她姓「大」，名叫「嬸婆」。許多外流的年輕人也回來了，幫忙家裡做生意，「大嬸婆」變成他們的財神爺。

安置在火車站前面的「大嬸婆」，一碰上下雨，就會有人打一把大傘爲她遮雨，艷陽高照時，也有人撐起洋傘爲她遮陽。甚至還有人捧著五牲祭品去拜她。旁人見了，忍不住笑著說：「她又不是神，妳拜她幹什麼？」

婦人回應：「我們拜土地公幾十年了，都沒有今天這麼賺錢，自從大嬸婆站在這裡，我們內灣人每個人都賺到錢了，她要不是神，我們能夠這樣嗎？」

凡是到內灣的遊客，大家都爭著跟「大嬸婆」的塑像合影留念，年輕的父母還抱著小孩一起合照，希望得到「大嬸婆」的庇佑。由於碰觸塑像的人太多，半年前塑像竟被擠壞了，現在內灣商圈發展協會正積極做個耐碰的銅像。

原本奄奄一息的餐廳，在經過這次打造後，如雨後春筍般地一家家興起，估計目前內灣有近三十家餐廳用「阿三哥」、「大嬸婆」做招牌，如：「大嬸婆私房菜」、「大嬸婆野薑花粽」、「大嬸婆紫玉菜包」、「大嬸婆客家美食店」、「大嬸婆礦工烏梅汁」、「阿三哥招牌菜」、「阿三哥行宮」等，五花八門，看得人眼花撩亂。

說也奇怪，凡是以這些名字做招牌的餐廳，無不大發利市，爲了擔心有人濫用這塊招牌，凡是使用我漫畫人物做招牌的店家，自動成立了一個組織，自己品管、監督，提升品質，凡被遊客檢舉品質不良，售價過高，服務欠佳的，都不許再使用這個招牌。我的漫畫人物無形中變成內灣的優良品牌代表，這是我當初始料未及的。

新竹縣政府在取得我的授權下，也把「大嬸婆」做爲該縣的代言人，許多路標、公園都可以看到「阿三哥」、「大嬸婆」的塑像，形成觀光的一大特色，新竹縣政府並發給來新竹縣觀光的遊客一本觀光護照，凡蓋滿新竹縣六個景點者，即贈送「大嬸婆」塑像撲滿，很多遊客就爲了得到這個撲滿，花時間遊完六個景點。

現在內灣線的火車也出售由我繪製的紀念火車票，搶購蒐藏的大有人在，內灣商店也對持有紀念火車票的遊客九折優待。以前，內灣的空屋滿街都是，現在變成一屋難求，連原本荒蕪的山坡地，現在都大興土木，蓋起很多美輪美奐的歐式民宿、咖啡、餐廳，連統一超商都進來了。

值得一提的是，鐵路局爲了感謝我爲內灣帶來榮景，特別將內灣火車站後方的員工宿舍，租給橫山公所，委託九讚頭文化協會經營，成立「劉興欽漫畫、發明展覽館」，展示我所有的漫畫及發明品，希望用文化做背景，營造出一個有產業特質，又具有人文的觀光景點。

這眞是一個好計畫，也是我多年的心願，如果一個觀光據點，沒有文化做強有力的後盾，遊客很難留下深刻的印象，就會像許多風景點，遊客到此一遊後，留下大量的垃圾，這對觀光地是很危險的。

老實說，我做夢也沒有想到，在「阿三哥」與「大嬸婆」的號召下，居然把內灣的繁華找回來。更讓我高興的是，我終於把當年放牛校長 對學生關懷備至的愛延伸下來，我相信這份愛會一直延續下去，直到永遠永遠……

跋

一晃七十多年過去了，猛然回頭才發現鬢髮早已灰白，行動也不如以往靈活。儘管年華老去，青春不再，但是我的心境一如年少時輕鬆灑脫，玩興依舊未改，就像一首古詞所說：「鬢華雖改心無改，回首前塵，猶似當年豪邁。」

我很喜歡唐朝詩人白居易寫的一首詩，總覺得它是爲我而作：「蝸牛角上爭何事，石火光中寄此身，隨富隨貧且歡樂，不開口笑是癡人。」這首詩是說，人生在世，又短暫、又渺小，就好像蟄居在那蝸牛的小角上，又有什麼好爭呢？生命一閃即逝，就好像石頭相擦撞時所發的一點火光而已！一個人如果任何事都斤斤計較、鑽牛角尖，心胸自然無法坦蕩明達，多無趣的人生啊！

其實心靈的充實與溫暖，有待自我打開心門。平日多爲旁人設想，多體貼一些家人對你的關懷，這就是我寫此書的最大心意；把一個走過悲歡歲月的老頑童，最眞實、又不拘小節的一面呈現給你，希望你會喜歡我的眞誠告白。

People系列
吃點子的人：劉興欽傳

2005年1月初版 定價：新臺幣280元
2012年10月初版第七刷

口述	劉興欽			
採訪撰述	張夢瑞			
發行人	林載爵			
出版者	聯經出版事業股份有限公司		叢書主編	黃惠鈴
電話	(02)27683708		校對者	黎錦
台北聯經書房	台北市新生南路三段94號		封面設計	胡筱薇
電話	(02)23620308			
台中分公司	台中市北區健行路321號1樓			
暨門市電話	(04)22371234 ext.5			
郵政劃撥帳戶第0100559-3號				
郵撥電話	(02)23620308			
印刷者	世和印製企業有限公司			
總經銷	聯合發行股份有限公司			
發行所	新北市新店區寶橋路235巷6弄6號2F			
電話	(02)29178022			

行政院新聞局出版事業登記證局版臺業字第0130號

本書如有缺頁，破損，倒裝請寄回台北聯經書房更換。 ISBN 978-957-08-2803-0 (平裝)
聯經網址 http://www.linkingbooks.com.tw
電子信箱 e-mail:linking@udngroup.com

國家圖書館出版品預行編目資料

吃點子的人：劉興欽傳／劉興欽口述．
張夢瑞採訪撰述．--初版．
--臺北市：聯經，2005年
272面；14.8×21公分．--(People系列)
ISBN 978-957-08-2803-0（平裝）
〔2012年10月初版第七刷〕

1.劉興欽-傳記

782.886 93024459